李 霞／著

我的教育随笔

且行且思

东北师范大学出版社

长 春

图书在版编目（CIP）数据

且行且思：我的教育随笔 / 李霞著. — 长春：东
北师范大学出版社，2020.9
ISBN 978-7-5681-7248-6

Ⅰ.①且… Ⅱ.①李… Ⅲ.①教育工作－文集 Ⅳ.
①G4-53

中国版本图书馆CIP数据核字（2020）第192823号

□策划创意：刘　鹏

□责任编辑：邓江英　李爱华　□封面设计：言之凿

□责任校对：刘彦妮　张小娅　□责任印制：许　冰

东北师范大学出版社出版发行

长春净月经济开发区金宝街 118 号（邮政编码：130117）

电话：0431-84568115

网址：http：// www.nenup.com

北京言之凿文化发展有限公司设计部制版

北京政采印刷服务有限公司印装

北京市中关村科技园区通州园金桥科技产业基地环科中路 17 号（邮编：101102）

2022年6月第1版　2022年6月第1次印刷

幅面尺寸：170mm×240mm　印张：17.25　字数：274千

定价：45.00元

序言 Preface

1997年7月，我于兰州师范学校毕业后被分配到安宁区刘家堡小学任教，担任一年级语文教学兼班主任工作。从登上讲台的那一天起，我做事的准则就是要么不做，要么就努力做好，即使做不到最好，也要力争做得更好。对于学校组织的各级各类比赛活动，我总会积极参加。值得欣慰的是，每次参加比赛后总会收到一份获奖证书。

2010年8月，我被调往现在任教的安宁区万里小学。和我之前任教的学校相比，一切都发生了变化。所带学生由原来的30多人变为60多人，学校同事由原来的20多人变为70多人。在这样一个新的学校里工作，有压力太正常不过了。

我重新审视自己后意识到，唯有快速提升自己，才能适应新的环境。于是，我开始了新一轮的奋进。在不断学习、努力提高的过程中，我养成了随手记录的习惯；在开展各种班级活动的过程中，我养成了收集照片、文字资料的习惯；在经营班级的过程中，我养成了写教育随笔的习惯；在教育教学的过程中，我养成了创新教学方法的习惯。在万里小学九年的时间里，我有了更多的思考，更多的记录，更多的积累，更多的研究，更多的阅读，更多的成长。

我深信，作为一位老师，只要勤于思考问题、善于发现问题、勇于解决问题，就能取得一定的成功。我将从事教育教学工作以来写过的教育叙事、教育论文、培训心得、班级开展的活动、班级管理日记等都做了整理，在整理完善的过程中，又一次重温了我从事教育工作以来的点点滴滴。

本书中所包含的内容大多是我九年以来工作中的点滴感悟，所写的大多事例、做法是有关我现在所带班级学生的。在和这些孩子相处的过程中，他们给了我很多的启迪与思考，使我真正意识到每个班级都是有生命力的，都是值得老师用笔记录的，因为每个班级每天都会发生许许多多的事情，课堂的、课余的，高兴的、苦恼的，个人的、集体的……如果把每天发生的事情都能有所思考地记录下来，别说是写一个班，即便是写一名学生也能成为一本著作。

　　教室里孩子们的一举一动，包括一种神态、一句话语、一篇作文、一次争执……教师若能细细品味，都是耐人寻味的故事。每天，我们走进教室看到的面孔和前一天看到的是一样的，但不一样处却有很多——孩子们穿的衣服不一样，女孩们扎的辫子不一样，孩子们的心情不一样，班上发生的事情不一样……我们每天都应饱含激情地站在讲台上，微笑着面对每一名学生，智慧地处理班上发生的每一件事情，以免因草草处理而误解某名学生，而老师却毫不知情。

　　教育的神圣往往寓于教育的平凡之中——或许是微微一笑，或许是轻轻抚摸，或许是一句简单的话语，或许是一段评语，或许是一个眼神，或许是一个手势……如果热爱教师这个职业，就会特别愿意做这些平凡的小事，也会从许多平凡小事中获得乐趣。这正是教师职业的内在魅力，也是我们做好教师的必然要求。

　　在整理这本书稿的过程中，才发现对于我来说学生很重要。我工作中的所思所想、一举一动都是因学生而为。如果没有学生，我的生活将是暗淡无光的；如果没有学生，我的大脑不会随时随地快速思考；如果没有学生，我走过的路会因少了芳香而无味。面对一个个天真的学生，我在努力改变自我的同时也倾听了他们成长拔节的音律。我唤醒了他们自觉成长的意识，留存了他们天真无邪的童真，培植了他们春光烂漫的心灵。

　　最后我想说的是，每一个班级都是一本故事集，每一个孩子都是故事中的主人公，每一位班主任都是一个传奇，班级中的每一个故事中都蕴含着班主任的教育智慧与无限爱心。

　　机会只留给有准备的人，我一直相信这句话，所以不论是工作还是生活，我都时时刻刻准备着。这本书也一样，在我一直做准备的过程中，终于要出版了！

李霞

2019年6月

目录 Contents

03 第三章　**智慧管理**

06 第六章　幸福成长

01 爱润生命

用爱浸润教育

泰戈尔说："爱是亘古长明的灯塔，它定睛望着风暴却兀不为动，爱就是充实了的生命，正如盛满了酒的酒杯。"爱是教育力量的源泉，是教育成功的基础。没有爱的教育是苍白的，作为一位普通的教师，我将丝丝爱意浸在平凡之中，润在点滴之处。

"青青，青青，快醒醒！你快醒醒！……"这样简单的语言我已记不清重复过多少遍。每每想到这句话时，我眼前总会浮现出青青那双渴求知识的大眼睛。

这一天，我又一次以饱满的热情投入了教学，正上得起劲儿时，有学生突然喊："老师，青青晕倒了……"我扔下课本，向青青的座位奔去，只见青青一动不动地躺在地上。眼前的状况让我不知所措，因为那年我刚参加工作，从未经历过这样的场面。但看着一名名学生满含期望的眼神，我鼓起勇气掐青青的人中。可掐了很长时间，也不见她醒过来。我吓坏了，大声喊着："青青，醒醒，快醒醒……"我的呼唤一声高过一声，掐人中的手也越来越重，各种可怕的念头涌上我的心头，继而连身体也开始颤抖了……

终于，青青慢慢睁开了眼睛。"老师，醒了，她醒了！"学生惊喜地叫着。我的手抖动着从青青的人中处移开。由于害怕，掐人中的手用力越来越重，以致掐破了她的人中，鲜血沾满了我的拇指。那一刻，我再也控制不住自己的眼泪。青青却一脸迷惑地望着我，说："老……师……，您怎么……哭了？同学们……怎么都围在……我这儿？"我忙抹去眼泪，说："没事，刚才你晕倒了。"于是，我和学生一起将青青扶起，让她坐到椅子上。

事后，我跟家长了解了青青的情况，得知青青从小就患有癫痫病，总会不知不觉地晕倒。家长也曾带青青到许多医院检查过，医生也没有更好的医治办法，只是建议发病时最好让其平躺着。

为了让青青多休息，为了不影响教学，为了不再恐惧，为了逃避责任，我几次劝说家长，让他们领青青去看病。家长也同意带她回家，边治疗边休养。令我意外的是青青却不答应，她曾哭着央求我："老师，我要上学，我不会再犯病，老师，别赶我走……"一连串的话语说得我哑口无言，我要青青休学的理由显得那么不堪一击。

接下来的日子，我多了一项教学之外的任务——时时留心她。而病魔非但没有怜惜瘦弱的青青，还一次又一次地惊扰她。青青一次次地晕倒，我一次次地掐青青的人中，一次次地喊青青的名字，一次次地将青青扶起来，一次次地把青青抱到宿舍平放到床上，一次次地把青青领回教室……这一切只为了一个目的——满足青青想上学的愿望。

媛媛曾是我班上的一名学生，那年她12岁，各门功课成绩都很优异，平时对自己的要求也很高。但有一样不好，她特别爱掉眼泪。批听写时，我指出她不该出现的错误，她哭了；上课回答问题时，有同学反驳她的答案，她哭了；班上选50米跑步比赛的运动员她落选了，她哭了；考试结束后，我公布成绩第一名不是她，她哭了……总之，每天看到媛媛掉眼泪是司空见惯的事。和她家长沟通时，家长说这孩子在家也这样，说一丁点儿不是都要哭。

为了寻找媛媛爱哭的原因，我找媛媛谈心，上网查阅资料，去图书馆翻阅有关心理方面的书籍，终于了解到媛媛之所以爱哭，主要原因是无法承受生活、学习中的一些小挫折。媛媛一次次地哭就是每一次过高的期望落空时产生的消极情绪反应。

为了引导媛媛正视挫折并努力战胜挫折，我有意识地安排媛媛收发作业本，上课时遇到较为简单的问题叫媛媛回答，学生作业中有易出错的字时让媛媛给大家提醒该注意什么……在我细心的帮助下，媛媛变得大胆了，变得自信了，掉眼泪的次数也明显地减少了。

有一次，我在班上组织了用毛线贴画的班会活动课，媛媛因无法将毛线贴在画好的图画上而不住地掉眼泪。我走近媛媛，说："你画的这朵花好漂亮，贴出来一定好看。老师也想动手贴一贴，行吗？"媛媛边抹眼泪边点头。我边贴画边有意识地问："你觉得什么颜色的花好看？""红色！""哦！老师也想贴一朵红色的花。你帮我剪一些红色的毛线可以吗？""可以！"说着媛媛便动手剪起来。在我贴花的过程中，媛媛也主动将剪好的毛线贴在花的边沿。我见媛媛贴好了一处，便不住地表扬："瞧！你贴得真好，老师自叹不如啊！"媛媛脸上露出了喜悦的微笑，之后认真地完成了贴画……如今的媛媛已不再轻易掉眼泪，她已变成一个乐观、向上、能正视挫折的女孩了！

2010年8月，我调入安宁区万里小学。接任四年级二班的班主任后不久，我注意到了班上那个瘦小的男孩，这孩子乖巧且安静，上课从不捣乱，下课也从不招惹他人。只是组长记载的家庭作业不按时完成的名单上总有他，且几次单元考试成绩总在后两名徘徊。

记得那天是三八妇女节，为了让学生常怀一颗感恩之心，我让学生回家用"给妈妈洗脚"或是"替妈妈干家务活"的方式祝贺妈妈的节日，并将自己所做的事以"特殊的礼物"为题写在文明储蓄本上。第二天，批阅学生的文明储蓄本时，很多作文感人肺腑。但读那个瘦小男孩的作文时却令我心酸不已。我从他写的作文中得知，他爸爸是万里厂的工人，下岗后经常酗酒，他妈妈无法忍受生活的艰辛而选择了离婚。一个缺少母爱的孩子在纸上流淌出对妈妈深深的爱与思念。尤其是读到"每天回家时多想叫一声'妈'"时，我泪流不止，后悔布置作业前没有考虑到班上是否有单亲家庭的孩子。

从那以后，身为母亲的我开始怜惜、疼爱他。早上看到他时总会问他早餐吃了没有，上课时有简单的问题总会叫他回答，批作业时总会问他还有没有不会的题……一段时间后，他变得开朗了许多。课间遇到我时，他会向我问好了，尽管声音很小；上课时，他敢于主动举手回答问题了，尽管很多时候都没有答对；作业能按量完成了，尽管有很多错……那学期，我所带的年级面临全区抽考，临近考试的那段时间，我鼓励全班学生："老师相信你们是好样的，一定能取得优异的成绩。"全班学生都鼓足了劲儿认真复习。但我深知那个瘦小的男孩定会困难重重。于是，我利用每天下午放学后的一小时和周六上午的半天时间为他听写词语、梳理课本重点内容。除了我，班上的学生也自发帮助他。如果他有不会的数学题，会有人帮其讲解；如果他有不会写的词语，会有人帮其范写。在我和全班学生的共同努力下，我班的语文成绩及格率达到了100%。更为欣喜的是那个瘦小的他不仅及格了，而且还考了74.5分。

教育家马卡连柯曾说过："爱是一种伟大的感情，它总是在创造奇迹，创造新的人。"一个爱孩子的人，才能教育孩子，不论是优等生，还是潜能生。我用爱在孩子们心灵的沃土上播洒了春雨，送去了春风，催发了种子。

真心换真心

　　　天，我在办公桌上发现了一张纸条，上面工整地写着：李老师，我错了……我一定记着您对我的爱。凭借字迹，我知道了写条子的学生，也想起了他为什么会写这张纸条。

　　那天，我和往常一样按时走进教室检查班级日常工作。刚到教室门口，一名学生的家长走近我，说："我的孩子经常丢东西，昨天上午新买的钢笔，下午又不见了。"说完后又是一阵牢骚。说实话，作为班主任，我当时很没面子，总觉得是我没有抓好学生的品行教育。我跟丢钢笔的这名学生询问了情况后，对其家长说："我在班上查一查吧！"送走了家长，我特别生气，想起班上经常会丢一些东西，每次我都兴师动众地查，可总是查而无果、不了了之。但又一想，为了给家长有个交代，还是得查查。

　　于是我走进教室，像走过场一样地"审"问："你们谁拿××的钢笔了？"学生们七嘴八舌地说没拿，还翻动着自己的文具盒，想证明给我看。见此情景，我顿时发觉自己说错了话，便赶紧改口说："可能有人一时喜欢，想好好地看看这支钢笔，看完后没来得及送还，钢笔的主人就开始寻找了。"教室里这才安静了许多。那一刻，我也灵机一动说："这样吧，我和你们都把眼睛闭起来，让喜欢这支钢笔的那名同学把钢笔扔在过道里，好吗？"同学们大声地说："好！"为了让拿钢笔的学生消除顾虑，我又说："你可以扔得远一些。"之后，我说："一、二、三，闭眼。"全班学生一起闭上了眼睛，我则半闭着眼睛等待着答案，一秒、两秒、三秒……我耐心地等待着，十秒过去了，一分钟过去了，教室里依然静悄悄的，我有些灰心了。刚想让学生睁眼，突然发现班上生活委员的手伸进抽屉，又拿了出来。我心想：是他吗？不可能，他学习那么好，劳动也很积极，同学们又都夸赞他，绝对不可能。我眯着眼刚想把视线移开，发现他偷偷睁开了眼，左右看了看，又把手伸进了抽屉，慢慢地他的手拿出来了——"啪！"那声音如同响雷一样打破了教室的宁静，全班同学都睁开了眼睛，教室里响起了持久而热烈的掌声，这掌声消除了他脸上的不安和担心。我也不停地鼓掌并向着全班同学激动地说："孩子，你是诚实的，你是最棒的！"

事后，我一直很纳闷，但又不能直接问他，我不想让他知道老师是言而无信的人。在他想来，老师和同学肯定不知道拿钢笔的事是他干的。我也只好假装不知道，而是私下了解他的情况。后来，从个别学生口中得知：他父母离异，父亲从不管他，他跟着母亲生活。由于家中不宽裕，母亲为了供他上学常年外出打工，他的生活只能由年迈的姥爷照顾。至此，我才真正理解了他为什么会拿别人的东西。此后，我有意识地在生活和学习上关心他，还经常因为他学习出色，特意奖励他一些别的孩子拥有而他却得不到的漂亮的文具盒、钢笔等学习用具。爱心最是有情物，化作春光更催人。渐渐地，他学习更加努力了，作文也写得特别好——一次现场作文比赛中，他获得了市级一等奖。

人们常说："关心如日。"关心的确像太阳，它能给人光明、给人温暖、给人指点、给人疼爱和保护。我庆幸自己事后没有说出这件事的真相，也庆幸自己用这种方式保护了他。

班主任的爱是开启学生心灵的钥匙，是点燃心灯的火源，正所谓"真心换真心，五两换半斤"啊！否则就不会有办公桌上的那张纸条了。

对每一个孩子充满期望

班上有这样一个男孩，调皮淘气中透着活泼可爱，聪明且想象力丰富，但做事无持续性，自我约束力差。他在课堂上总是凭着自己的兴趣，想学习时，听课专注，回答问题积极，而且准确率极高；不想听课时，左顾右盼，有时还干扰周围学生。课余更是我行我素，爱惹是生非，许多同学经常受到他的攻击。为此，每次他捣乱或是欺负同学时，我都会严厉批评他，但每次批评之后，效果都只是暂时的。

一次偶然的机会，我要进校门时正好碰到他，他热情地跟我问好，我便随口问了一句："你那么聪明，为何不好好学习呢？"他没有回答我，只是挠挠头，不好意思地跑开了。之后的几天，我发现他变了，变得没有那么调皮了，课堂上也不怎么捣乱了。回想我以前处理他犯错的办法，突然觉得不太合适。接下来的一段时间，我换了一种方式。看到他在课堂上不听讲时，我说："等会儿老师有一个难一点的问题还要等你回答呢！"当他欺负了同学时，我说："你肯定是不小心的，快道个歉吧！"当他不认真写作业时，我说："相信你下次会把作业写好的！"……其实，这还是在指出他的缺点，但不同的是换了一种方式，没想到效果非常明显。如今，这个孩子变了，变得爱学习了，还爱帮助同学了，学习成绩也一天天进步。看到他的进步，我自然高兴不已。

静下心来回想这名学生变化的轨迹，我脑中划过的是"皮格马利翁效应"的曲线。1968年，美国心理学家罗森塔尔和雅克布森做了个实验：他们来到一所小学，随机从每班抽3名学生共18人写在一张表格上，极为认真地告诉校长、老师，并透露给这些学生说，这些名单上的学生被鉴定为"新近开的花朵"，具有在不久的将来产生"学业冲刺"的潜力。其实，这份学生名单是随机拟定的，根本没有依据智能测验的结果。但八个月后再次进行智能测验时出现了奇迹：凡被列入此名单的学生，不但成绩提高很快，而且性格开朗，求知欲望强烈，与教师的感情也特别深厚。再后来，这18人全都在不同的岗位上干出了非凡的成绩。

"皮格马利翁效应"告诉我们，在管理工作和人际交往中，一旦好意知觉对方，有意识或无意识地寄以期望，对方就会产生与这种期望相一致的特性。如批阅某学生的作文时，我写下这样的评语："这次作文语句特别通顺，如果能用一些好词佳句就更好了！"结果，批阅该学生的后一篇作文时，真看到了几个成语。再如一名学生书写很乱，我这样写道："没关系，先从写好生字做起，你一定能做到的！"结果，该学生经过一段时间的努力，书写明显变得规范了。

"皮格马利翁效应"其实体现的就是暗示的力量。有一次，在上语文园地中的展示台"我来露一手"时，起初没有一个孩子大胆上台展示。刚开始，我有点儿生气，后来耐着性子说："其实你们这会儿肯定都想展示，只是担心你们的展示不够精彩，对吧？没关系，先准备准备，相信你们的展示一定都会特别精彩，特别棒！"之后，教室里展示自我的孩子们一个接着一个，这边同学刚下，那边早已有人站出来。于是，笑话、英文歌曲、舞蹈、朗诵……精彩展示一个接着一个，教室里掌声一阵高过一阵，笑声一阵高过一阵。到最后，坐在后排的学生因没有抢先上台的优势而早早地站在讲台下排队等候，而且等候的人越来越多。正如："说你行，你就行，不行也行；说你不行，你就不行，行也不行"，孩子们在我的激励下鼓足了信心，战胜了胆怯的心理，超越了自我，获取了成功。

美国教育界有一句行话：不知道"皮格马利翁效应"的教师不配做一位教师。"皮格马利翁效应"告诉我们，爱是一门艺术。训斥、打骂、放弃等"恨铁不成钢"式的爱不是真爱；袒护、迁就、姑息等"溺爱"式的爱也不是真爱。真正的爱是善于激励，是让学生从老师的语言、表情、动作、眼神里看到信任，得到力量，感受到"我能行"，从而充满自信。人的自信是非常重要的，大人的成功靠自信，孩子的成长也要靠自信。"皮格马利翁效应"的核心是保护孩子的自信，激发孩子的自信。

从"皮格马利翁效应"中我得到了这样的启示：赞美、信任和期待具有一种能量，它能改变人的行为，当一个人获得另一个人的信任、赞美时，他便感觉获得了社会支持，从而增强了自我价值，变得自信、自尊，获得了一种积极向上的动力，并将尽力达到对方的期待，以避免对方失望，从而维持这种社会支持的连续性。古人说的"用人不疑"也就是这个道理（意思是说，任用别人，就应该相信别人的能力，给别人传达一种积极的期望）。只要我们对每一个孩子都充满期望，那么每一个孩子都将绽放出生命之精彩！

藏在千纸鹤中的爱

这两天班上少了一个胖胖的身影，是尧，他因生病住院了。我给尧的家长打电话询问他的病情，得知他特别想回到学校，特别想和同学们在一起，时常会因见不到同学而掉眼泪。我将此事告诉了全班同学，有学生提议要折千纸鹤表达祝福，我极力赞同。

美术课上，全班学生行动了。他们在千纸鹤上写着："祝早日康复""我们想你了""回来我们都会帮你""安心养病"……写完后，他们精心地折——折进思念，折进关心，折进祝福，折进期盼……之后，生活委员买了一个"心愿瓶"，将一只只承载着学生心愿的千纸鹤装了进去。为了让尧知道我们最近的学习情况和校园生活，我提议让学生们给他写一封信。

第二天，我看到了许许多多封信。写信的纸张不一样，信的内容不一样，唯独心愿是一样的。我相信尧同学收到同学们用心完成的礼物，一定会非常高兴。他虽然住在医院，但他没有离开这个集体。同学们人人牵挂他，个个想念他；我也相信这些信能激励他积极配合医生的治疗，尽快度过那寂寞难耐的医院生活，尽早出院和同学们一起快乐地学习、玩耍。

马卡连柯曾经说过："活动教育了集体，团结了集体，加强了集体，以后，集体自身就能成为很大的教育力量了。"班集体一旦形成互相关爱、团结向上的风气，就能产生巨大的教育力量。这是因为，班集体是由学生自己组成的组织，他们是集体的主人，并在集体中学会爱、懂得爱，这样的班级才会像一个温暖的家。

照相风波

记得那是2014年的最后一天，学校的安排是各班学生召开元旦联欢会。我班学生虽然只是二年级，但我还是将整个活动的安排和主持交给班干部负责。

联欢会从汇总节目单到安排节目顺序，再到编排报幕词都由四位小主持人完成。他们把谁先报幕、谁报什么内容都安排得井井有条。我身为一班之主只是一位观众。所有的节目表演完后，我按照惯例和全班学生合影留念。

当副班主任拿起手机准备为我和学生照相的一瞬间，几乎所有的学生一下子涌到了我的周围，他们都争着要和我照相。由于表演节目的需要，教室外圈都摆满了课桌，中间留有的空间有限，镜头中挤不下太多的人。于是，我说："大家分批照！"就这样照第三批时，又有很多学生涌了过来。这时我听到一个叫夏的女孩对男孩峻说："你照过了！"继而又听到男孩峻说："我没照！"夏又说："你就是照过了！"峻有些生气了，说话声音也高了："我就是没照！"因为着急配合副班主任老师的镜头，我没有过多理会。就这样，总算再没有学生涌到我身边照相了。

联欢会马上要结束了，我见同学们带来的小食品还没有吃完，便说："愿意把自己带来的食品和别的同学分享吗？"同学们个个高声喊着："愿意！""请向同学说一句新年祝福语并和大家分享你的小食品吧！"教室里顿时沸腾了。一句句简短的祝福语飘过我的耳畔，一阵阵爽朗的笑声在教室回荡。我拿起相机慢慢挪动，用镜头记录下孩子们分享的过程。

在拍摄的过程中，我注意到了一个躲避镜头的男孩，他就是峻。我很纳闷，别的孩子都在摆各种姿势进入镜头，而他却故意躲闪镜头。我笑着说："把头转过来哦！"可他依旧扭过头去。这时，班上的嘉说话了："老师，峻哭了！""为什么哭了？"峻依旧掉眼泪，但不说话。小暖男嘉又说了："李老师，他说他没和您照相！""没照吗？"我疑惑地问道。峻抹着眼泪说话了："李老师，我没有和您照相！夏偏说我照相了！"

看着峻委屈又可爱的模样，我既好笑又心疼。峻在班上是个很有责任感的小男子汉，平时要看到他受委屈那得多难啊！可今天居然因为没有和老师合影而掉眼泪，可见在他心里该是多么在意老师啊！

我将峻揽到怀里，喜滋滋地对他说："没有合影也挺好的！我可以和小帅哥单独照一张啦！"

峻有点不好意思，但眼泪依旧在眼眶中转圈。

我把手中的相机递给副班主任老师，将峻拥到身边，拍了一张照片。

镜头中的峻一脸哭样，副班主任老师说："峻，笑一下！"他可能还沉浸在先前的委屈之中。班上的活宝嘉又说话了："老师，他不笑我有办法，看我的！"他凑上前用两手将峻的嘴角向上一挤，"扑哧！""咔嚓！"一张珍贵的照片留下来了！

峻笑了

对于峻这个孩子，他上课跟同桌讲话，我批评过；下课和同学打架，我批评过；自习课上捣乱，我批评过……在我看来，我对他的严格要求就是对他的爱，但是和他爱我的方式相比，我有些自惭形秽。

仔细想想每天和孩子们在一起的时光，觉得做班主任好温暖，好幸福！突然间感觉到遇见一个个天真、可爱的孩子，这是我一生的幸福！

单翼天使不孤单

父爱和母爱是一个孩子的双翼，拥有双翼的天使，才能飞得高、飞得远。而像我这样的小孩，命运不肯垂怜，竟夺去了我们的一只翅膀，让我们变成了单翼天使。作为单翼天使，我们有时候或许看上去很开朗，其实，真实的内心却十分忧伤。我们总是把忧伤隐藏得很好，用疯狂的大笑来掩饰内心的害怕和孤独。

——摘自伍美珍（阳光姐姐）《单翼天使不孤单》

《单翼天使不孤单》中的小伟掩饰得很好，全班同学都没有发觉他是一个单亲家庭的孩子。他努力用表面上的快乐来掩饰自己的孤独，尽力成为一个成绩好的乖孩子。

从教20多年来，每接手一个班，总会遇到像小伟那样的"单翼天使"，他们的内心都有着挥之不去的忧伤，但是他们表面上和大家一样快乐，这些孩子有一个共同的特点，就是善于把悲伤藏在笑容里。我现在所带的班级里就有一个这样的女孩，她叫小美。

从一年级认识她时，她一直那么小巧可爱，一双大大的眼睛炯炯有神，见到老师时，她总是微笑着迎上去，亲切地和老师打招呼。

在她上二年级时，我班组织了一次春游活动，郊游地点在仁寿山。分组登山比赛活动结束后，大家在山下一农家乐进行了亲子游戏活动。其中一个游戏的名字叫"踩报纸"，要求家中三人站在一张报纸上，小美爸爸采用的方法是背着小美、抱着小美妈妈站在报纸上。从一家人的表情可以看出他们是多么开心，也能想象到他们的家庭是多么和谐幸福。更不可思议的是当天活动结束后一家长整理照片时写在这张照片下的话语——这样的瞬间在很多年以后看到会留下幸福的泪水吧？随着孩子渐渐长大，这样的瞬间也就越来越少了！

难道这是预兆吗？天有不测风云，意想不到的事故打破了这个幸福之家原有的宁静与祥和。一天夜里，小美爸爸酒后乘坐朋友的车，在回家路上突遇车祸，坐在副驾驶位置的小美爸爸因受伤严重离她们母女而去了！

我得知这个不幸的消息是在第二天早上。课间操时，我接到小美妈妈打来的电话，伤心欲绝的小美妈妈让我先不要告诉小美，只是让我转告小美，中午她爸爸的朋友接她回家。接完电话后，我很难过，以致心情久久不能平静。但面对小美时，我还是装作一无所知的样子，问小美昨晚她爸爸在不在家？她睡觉前见到爸爸了吗？今天早上有没有见到爸爸？等等。我用一系列的问题向她暗示着接下来她将面对的如晴天霹雳般的噩耗。小美一脸茫然，不明白我为何会问这些问题，只是说爸爸昨晚不在家，听妈妈说爸爸胃痛去医院看病了。但我知道，曾经幸福无比的小美瞬间失去了他的一只翅膀——父爱。那一刻，她成了"单翼天使"。

那天中午，小美被他爸爸的朋友接走了。我给小美妈妈打了电话，一是劝她节哀，二是告诉她在小美面前最好能克制一下悲伤的心情，以免小美幼小的心灵因承受不了打击而受到创伤。两天后，小美在她妈妈的陪同下来上学了。我对小美妈妈说："逝者已去，生活还得继续，你要振作起来。如果你的精神垮了，孩子的精神也就垮了。请调整好情绪，好好生活。"我对小美说："你是妈妈的小棉袄，要做一个懂事的孩子，让妈妈从你身上找到振作起来的勇气。"

自那以后，我多了一项工作，时常关注小美。课堂上，我有意识地请她回答问题；写作业时，我时常站在她桌旁，她若有不会的题可以及时辅导她；课下，我找她聊天；每次见到小美妈妈时，我会主动和她寒暄几句——除了安慰小美妈妈外，还会了解小美在家的情况……在我的关心、帮助下，这母女俩在互相激励、互相安慰中一天天地振作着。

小美爸爸离去不久后，学校大队部通知要公开竞聘大队干部。为了评选出班级优胜者，班上组织了一次演讲活动。我让班上学生自由报名参加，小美也举手了。我说："小美，你就算了吧（只是不想让小美妈妈再为她的事烦心）！"没想到她却说："老师，我可以的，您让我参加吧。"我还能说什么呢，只能照做了。演讲那天，她的表现完全超乎我的预料。

不光这一次，此后的很多活动她都积极参加，乐观向上的心态让她的脸上写满了阳光。在一次次的比赛中，她成长了不少，也锻炼了不少，从班级小组长到班级学习委员，从学校大队干部到学校广播站站长，从班级活动主持人到学校大型活动的主持人，这一路走来，我给了她点滴的爱，给了她很多的鼓励。在我的鼓励和小美的努力下，在她妈妈的大力配合下，小美成长飞速，如今更是懂事可人。在刚刚过去不久的教师节前夕，她到办公室找我说今年是他们在小学时迎来的最后一个教师节了，她想要在班上开展一次感谢老师的庆祝活动。我毫不犹豫地赞同了。

2018年9月7日下午，当我走进教室时，看到两位主持人也站在台前，其中一位就是小美，一场由小美发起、组织、主持的庆祝教师节活动开展得有序、有效，感人、感动。在校的每一刻，小美都是积极主动的，查作业、收作业、抱作业、发作业……班上的这些事情还有其他班干部负责，但很多时候都能看到小美忙前忙后的身影。可我并不阻止她，只有我知道她是想让自己忙起来，因为忙碌能冲淡她内心的悲伤。

如今的小美学习成绩优异、主持活动信手拈来、各种比赛都能踊跃参加。小美的变化既来自我对她的关心，也缘于她的坚强！尽管缺少了父爱，但她从不抱怨，每天洋溢在脸上的都是甜甜的笑意——不是她生活过得无忧无虑，而是她把所有的悲伤都藏在了笑容里。

别林斯基曾说过："如果没有爱，则万物自身的生活是死气沉沉的；如果没有爱，则万物的生长是七拼八凑的；如果没有爱，则所见都是一片漆黑。"对于学生，我不能给他们财富，也不能给他们地位，我唯一能给他们的就是我对他们的那一份真爱。我愿用我无微不至的关心滋养每一名学生的心田，愿用我的耐心、信心和真心，引领更多的孩子走向成功的金桥。

关注生命

那天，学校召开了研讨课活动，很多老师都坐在学校录播室内听课，我也一直认真听课并不时做笔记。不知何时，新上任的刘校长站在我身旁，小声说："有一名学生流鼻血了，麻烦你去看看！"我赶紧起身离座，和其他老师们要了一些餐巾纸就往二楼卫生间跑去。刚走到卫生间门口，一个小女孩从里面出来了。她两手是湿的，显然已经用水洗过鼻子，但鼻孔中还有鲜血流出，定是因为没有拿纸巾而无法塞住流血的鼻孔。我赶紧用纸巾为她擦了鼻血。小女孩望着我说："谢谢老师！"那目光留给我很深的印象。

我再次领她进卫生间，帮她洗去脸和手上的血迹，又撕下一块纸巾，将其拧成小卷塞在她鼻孔中。小女孩一个劲地说："谢谢老师！谢谢老师！"从小女孩的眼神中能感受到她那一刻是多么高兴与感激。而那一刻对我来说，更多的是感慨。

今天，幸亏刘校长及时发现了这个因流鼻血从课堂中离开的孩子，幸亏我去看了这个孩子。从这点滴的小事中，我感受到了生命教育的重要性以及紧迫性。

印度诗人泰戈尔说："教育的目的应该是向人类传送生命的气息。"生命教育既是一切教育的前提，也是教育的最高追求。

教育应以人为本，应尊重、关心、理解和信任每一个人，这就是对生命教育的关注。开展生命教育是整体提升国民素质的基本要求，是社会环境发展变化的迫切要求，是促进青少年学生身心健康成长的必要条件，也是现代学校教育发展的必然要求。因此，必须加快学校教育的改革，从生理、心理和伦理等方面对学生进行全面、系统、科学的生命教育，引导学生善待生命，帮助学生完善人格、健康成长。

学以致用

班上有一个胖胖的小暖男——明轩。虽然平时很调皮，虽然作业中书写总是很乱，虽然任课教师都说他在课堂上爱捣乱，可他却总带给我和班上的孩子们很多温暖。

一天上课间操时，明轩站在一名女生后面，他看到站在他前面的女生头发上落了一些柳絮，就伸出胖乎乎的小手，小心地将柳絮取掉了。站在他前面的那名女生根本没有察觉，而这温暖的一幕被站在他身后的我看到了。教室内有同学没有带文具时，他总是第一个拿起文具跑过去送上；教室内垃圾桶没有清倒时，他总是第一个跑到垃圾桶跟前的人。他用热心温暖了整个教室。

那天晚上浏览微信朋友圈时看到我班一家长发在朋友圈的微信说说——*今天下雨去接姑娘，这个男孩自觉地在打扫教室卫生 [偷笑]，好样的 [强]*。

从微信朋友圈发的照片中，我认出了这个孩子是明轩。

是的，今天突然袭来的雨越下越大，本来计划在建队日发展新队员和表彰"万里星"活动后要进行课本剧展演活动，结果因大雨连着下了好几个小时，学校的课本剧展演活动被临时取消了。放学时，雨还在下，有伞的孩子和有家长接的孩子都陆续走了。只有子祺同学因家长有事不能按时来接，所以，子祺妈妈打电话让我告诉子祺在教室等待。子祺妈妈来教室接子祺的时候看到正在搞卫生的明轩，便有了以上的微信朋友圈内容。

我知道明轩为何今天如此认真搞卫生的原因。今天上午，我们学习了《落花生》一课，本课"人要做有用的人，不要做只讲体面而对别人没有好处的人"是全文的点睛之笔。教学中，我紧紧围绕这句话引导学生展开讨论，学生结合实际谈了什么样的人才是有用的人——从身边见到的清洁工、教师、医生、交警等具有花生品格的人身上，感受到了他们默默奉献的品格。

　　苏霍姆林斯基说："只有能激发学生去进行自我教育的教育，才是真正的教育。"明轩是把今天课堂上学到的内容和由此悟出的道理运用到了实践中，他用自己的实际行动诠释着要做一个对他人有用的人。

　　这就是教育的最高境界——润物细无声。

惊喜悄然至

早上讲前两天布置的语文试卷时，发现一向不写作业的辉竟然把两份试卷都写完了。我讲完卷子后，他还能及时纠错。我把这一喜讯告诉了全班学生，没想到有几名学生竟喊道："老师，试卷中有两篇作文，辉都写了，而且每篇作文有400字呢！""是吗？"听到我和同学们的对话，辉赶紧从桌仓里翻找着。很快，将两份作文递到我的手里。我微笑着，还没顾上言语，教室里已响起热烈的掌声——学生们最懂我。

我看了他的作文后说："看来学习成绩不理想，主要是态度原因，只要态度一变，成绩就会像小尾巴一样天天跟着你。任凭你怎么赶它，它也不会弃你而去。"教室里笑声一片。辉自然笑得特别开心。

接下来，我给全班学生听写词语。听写结束后，我首先批阅辉的听写单，辉依然听写得很差，不过这是和其他同学相比。要是和昨天的他相比，他进步不小！于是，我在他听写单上写了这样的评语："辉，和昨天相比，你进步了！加油！"

听写单发下去后，我问辉昨晚有没有听写，他摇头。我又问他爸妈有没有检查作业，他说："我妈妈检查的！"每次和辉提到家长时，我特别留意他会说到爸爸还是妈妈。因为这孩子家庭特殊，在他很小的时候，妈妈就因车祸去世了。每次和他说到家庭作业时，他总会说到新妈妈，而不是爸爸。而且，不知道他家庭情况的人也绝不会从他的语气中听出他妈妈是继母。可见这继母还不错，至少在我看来还不错。每次这孩子缺作业或是不写作业，我都会给他继母打电话。因为辉爸一接电话就说在家把他打一顿就写作业了，甚至让我也打他。但我从不下手打辉，政策不允许，也不忍心下手，这孩子挨的打已经够多了。

辉其实挺聪明的，但家庭教育的缺失导致他从小没有养成良好的学习习惯。抛开他的学习成绩，这孩子其实很优秀。他热爱劳动，关心同学，班上大小的事他都愿意主动干；他还特别阳光，从没有因为学习成绩不如别人而感到自卑、难过。上课时，只要有一点思路，他就敢大胆举手表达自己的见解；每天下午课前交流读书感受时，他也会踊跃上台交流；每次看到老师发作业时，他总会热心地帮忙。

记得我所带的班级上六年级时，因特殊原因，我校全体六年级学生在兰州交通大学附属中学第一分校上课。我们面对的是新的环境、新的教室和新的多媒体设备。上课第一天，我要用多媒体放课件，可怎么也打不开。学生七嘴八舌地"指挥"，可我依旧没有打开。这时，辉跑进来了，他见我在操作多媒体，说："李老师，我帮您！"我有些怀疑，他会吗？但还是让他操作了。只见，辉站在多媒体机柜前，不一会儿竟熟练地打开了多媒体机并找到了我要用的课件。我惊诧地望着辉，说："谢谢你！"辉高兴地回到座位。此后，我安排他做了教室多媒体机的管理员。上课时，只要老师需要多媒体机，辉总会提前将其打开；下课后，他还会及时把多媒体机关掉，整理好桌面。

对于辉这个孩子，我只能尽最大努力帮助他，让他尽可能多地识一些字，学会正确面对前行路上遇到的一些挫折。但愿他能明白老师的良苦用心，懂得命运掌握在自己手上，只要及早改变学习态度，定能取得不小的成绩！期待着这个孩子早日花开！

小蕊变了

今天是星期一，早上一进办公室，就看到办公桌上那厚厚的一摞作业。在批阅作业前，我就在想：那个叫小蕊的女孩肯定没有交，而且肯定又是一样作业也没写——这是小蕊一贯的做法，一到周末所有作业便与她无关了。

正当我批阅了近一半作业时，小蕊的作业本跳入我的眼眶，顿时，我两眼放光——喜悦感涌遍全身，能看到小蕊交的作业已是惊喜，但更大的惊喜在打开她作业本时又一次愉悦了我的眼球，书写较以往整洁，只缺了可以忽略不计的一丁点作业。我一时按捺不住内心的喜悦，便在同事面前赞叹道："小蕊交作业了！"

当我走进教室时，小组长依照惯例——汇报各组收交作业的情况。我会根据学生缺少作业的情况，适当选择书本中的一些重点内容让缺作业的学生抄抄写写，表面上是为了"惩戒"，其实是让偷懒的学生在抄写过程中牢固掌握重点内容。当一组长汇报小蕊没有交读书签字条时，我说："早上批作业时，看到小蕊的作业本了。写得很认真，读书条没有也不罚作业了。"

我的话音刚落，小蕊小组的组长又说话了："老师，小蕊除了没交读书条，其他作业都交了！""是吗？……"接下来，我所说的每一个字都被教室里自发响起的雷鸣般的掌声淹没了。我们都心知肚明——这掌声是送给小蕊的。我微笑着看着小蕊。全班同学的目光也都齐聚小蕊坐的位置，小蕊不好意思地低下头，但她内心的喜悦依旧穿透脸颊，挂在腮边，看上去美极了！

整节课，小蕊都喜滋滋地听我讲课，不时还会将小手高高举起，她上课的认真劲儿是以往很少看到的。

晚上放学时，其他同学都走了，只有小蕊在教室收拾书包。我看到教室内个别学生桌下有垃圾，于是叫她帮忙扫一下，小蕊愉快地答应了。

在小蕊扫地期间，我想起前几天因她连续两天没有写家庭作业，我连续两天给她爸爸打电话，但她爸爸都没有接听也没有回电话的事儿。

我便和小蕊聊起了她爸爸。在我一句、小蕊一句的闲聊中，得知小蕊爸爸生病住院了。小蕊中午在奶奶家吃饭，晚上一个人在家。我对小蕊说："以后按时完成作业，有空时多帮你爸爸干些家务活。别再惹你爸爸生气了，你爸爸若住院了，谁照顾你呢？"

小蕊一边收拾书包一边点头。从那天起，小蕊真的变了。

一天下午，我离开教室时看到小蕊在扫地，我突然记起小蕊爸爸生病的事，便问小蕊："你爸爸的身体好些了吗？""医生说先输些液体，观察几天再看看！""你多帮他分担些家务活，他要住院了，真就没人照顾你了！"小蕊点了点头，继续扫地。

今天小蕊的表现依旧很好！

晚上我做饭时，接到小蕊打来的电话。她说没有听清楚家庭作业，想问问我。其实小蕊爸爸的手机上每晚都能接收到我发的作业信息，小蕊只要给她爸爸打电话便可获知作业内容。可她还是选择以给我打电话的方式询问作业。对此，我一点也不感到奇怪——因为小蕊一生下来，母亲就弃她而去。她自幼跟着父亲生活，打与被打是父亲和她在家常有的一幕。文化水平较低、教育方法单一的小蕊爸爸常用简单粗暴的方式压制小蕊听话，这种教育方式在小蕊一、二年级时还有效，但到了三、四年级连暂时的效应也没有了——小蕊爸爸嘴上问作业写完了吗，但从不检查；小蕊嘴上说作业写完了，其实根本没有写，因为她料到爸爸每次都是只问不看，即使看了也看不明白。她能打电话给我，不仅仅因为我是她的班主任，还因为我是一位母亲。这孩子回到家后，很多时候都是一个人，有时候因为她爸爸要上夜班，小小年纪的她甚至一个人过夜。这样的现实对于一个不满10岁的女孩来说是多么令人同情。

班上多数孩子都是独生子女，孩子们放学后都被家长一一接回家，很少让孩子出门与临近的孩子玩耍、嬉闹。不过这些孩子还有爸爸妈妈或爷爷奶奶陪伴。可小蕊呢？一旦爸爸不在家，她就是孤单一人。于是，小蕊不写作业的次数越来越多，成绩也跟着一路下滑。只要我一打电话给小蕊爸爸，小蕊回到家定会遭受一顿打，有时甚至是毒打。作为父母，谁都爱自己的子女，小蕊爸爸也一样。他把所有的希望都寄托在小蕊身上，这也正是当初小蕊妈妈想领走小蕊，可小蕊爸爸坚决不同意的原因。

对于这样一个孤苦无依的女孩来说，我对她除了同情与关爱外，更多的是期望——希望她从小好好学习，长大了用知识改变自己的命运，以回报含辛茹苦拉扯她长大的父亲。

彩色橡皮回来了

带过一年级的老师都知道，班级管理或是教学中采用激励措施对一年级的"豆包"们可管用了。

这些天，班上孩子写作业的积极性很高。因为作业写得认真又工整可以得一面小红旗，作业中有十面小红旗就可以换一份小礼品。

为了激励孩子们写好每一次的作业，我购买了一些橡皮，那些长方形的橡皮虽然价格便宜、样子普通，但颜色的确诱人，很多学生都特别希望得到一块我奖励的彩色橡皮。

终于，班上有好几个孩子在不懈努力下凑够了十面红旗，获得了我奖励的彩色橡皮。每次发奖励的橡皮时，我会让孩子们自己选择最喜欢的颜色。看到他们拿着橡皮时爱不释手的样子，我暗自欣喜。

一天，一个平时较为调皮的男孩找我兑换彩色橡皮，我翻开他的作业本数过小红旗数后，先是表扬了他，之后依照惯例让他选择自己喜欢的颜色。他先看看紫色的橡皮，再看看蓝色的橡皮，犹豫了好一阵后，选了蓝色的橡皮，笑眯眯地走下了讲台。第二天早上上课前，又有学生找我兑换橡皮，可我发现昨天讲桌上剩余的彩色橡皮不见了。因为要急着上课，就没当一回事，只对兑换橡皮的学生说："下课到办公室兑换。"

就在当天晚上九点多，我接到了一位家长的电话，打电话的人是曾兑换过彩色橡皮的那个调皮男孩的奶奶，她说有事要和我当面谈谈。见到这位家长时，我还看到了那个调皮男孩和她的妈妈。

一番交谈后，得知了缘由。原来这位奶奶收拾男孩的书包时，发现了六块彩色橡皮，经再三询问后得知他是从班级讲桌上拿的，这才特意领着他来向我当面道歉，并将孩子多拿的五块橡皮交给了我。

我听后并没有生气，而是蹲下身子，拉着他的手问道：

"你已经得到了一块老师奖励的橡皮，为什么还要拿剩余的橡皮？"

"我……我很喜欢这些橡皮的颜色。"他低声说。

"昨天你不是选择了一块蓝色橡皮吗？"

"蓝色橡皮和紫色橡皮我都喜欢。"

"你可以继续凑十面红旗呀！"

"我担心紫色橡皮会被您奖给其他同学。"

"哦！"我站了起来，不再说话，心中却一阵好笑——孩子就是孩子。

"老师，对不起！我错了，我以后再也不拿了。"他双手摇着我的胳膊，仰起头央求着。

我抚摸着他的脑袋说："你敢于承认错误就是好孩子。老师不批评你，还要因为你诚实再奖你一块彩色橡皮。"

"真的吗？"他疑惑地望着我，小声地说。

"我最欣赏诚实的孩子。选一种你喜欢的颜色吧！"我郑重其事地说。

他怯生生地伸出小手，选了那块紫色橡皮，紧紧地攥在手心，甜甜的笑意又挂在他的脸上。

第二天上课时，我将丢失的彩色橡皮拿到教室，并对全班孩子说："孩子们，昨天这些彩色橡皮丢失了，今天它又回来了，让我们把最热烈的掌声送给那名送它们回来的同学。"教室里响起了热烈而持久的掌声。

"物虽小，勿私藏；苟私藏，亲心伤。"我转身在黑板上写下了这句话。我告诉孩子们："尽管公物虽小，但不可以私自占为己有，如果私藏了，就是品德不良的行为，如果父母知道了也一定会很伤心的。"看着孩子们那一双双专注的眼神，我知道他们都懂了！

在班里，每天都会看到或听到发生在孩子们身上的这样或那样的事情，在我看来它并不单指"事件"和"情节"，而是"故事"，故事里讲述的是每个孩子成长的过程，或者说得更诗意一点，孩子们点点滴滴的故事就像生命的河流潺潺不息。

在孩子们生命的河流里，教师走进了他们的故事——或令人欣慰，或令人惊叹，或令人赞赏。故事的原创是孩子，但编辑是教师。如托尼·马伦所说："教师帮助孩子'把信心与成功写入故事中'，为孩子'编辑错误'，并'帮助作者实现一个完美结局'。"

　　读懂孩子，就是读懂教育，就是读懂自己。孩子每一天的故事不可复制，读懂孩子，并和孩子一起愉悦而谨慎地编织故事，尽管很多时候，故事的结局并不完美。但在追求完美的过程中，我们的职业会更加精彩，我们的生命会更加灿烂，我们的人生会更加辉煌，这才是教育的意义和幸福所在。

向校园欺凌说 "不"

校园欺凌是指发生在学生之间，蓄意或恶意通过肢体、语言及网络等手段，实施欺负、侮辱造成伤害的行为。此类事件不仅会给被害者造成长期的心理阴影，甚至影响人格发展，也有可能促使施暴者误入违法犯罪的歧途，严重影响未成年人的身心健康。

小超是我带四年级时班上的一名学生，他酷爱足球，课余时间总喜欢和班上的几名男生在操场上踢球。一天，他正和同学们踢足球，六年级的几名男生也抱着足球来到操场，其中一名高个子男生刘某气势汹汹地与小超发生了冲突。就在小超弯腰捡球的时候，他将膝盖一弯，使劲向上一顶，顶到了小超的鼻子上。瞬间，鲜红的鼻血沾满了小超的手背。班上同学急忙把他送到学校医务室并告知我。

我快速跑向学校医务室，协助医务室老师处理了小超的伤口。之后找到了刘某的班主任，协商后将双方家长请到学校，让两名学生将事情的经过说清楚后，处理结果为由六年级孩子刘某向小超道歉，并由其家长带领小超去医院拍片检查，费用由刘某父亲承担。

学校或是班级内发生类似这样的欺凌事件在所难免。我带班给孩子们的第一个要求就是不能欺负任何人，如若是班里的孩子受到了欺负一定要告知我，我会在确保每个孩子都能身心健康地成长的基础之上公正、公平地处理欺凌事件。

小学阶段的学生处于学习成长的时期，由于心理发展不成熟，考虑事情不周全，在处理情感与是非方面存在一定的局限性和片面性，在面对挫折、不满、质疑、批评时，很容易看成是恶意的诋毁和侮辱，从而激起他激烈的反抗情绪，导致欺凌事件的发生。

针对此次 "学校欺凌" 事件，我在班级内开展了 "向校园欺凌说 '不'" 的主题班会，通过播放视频、讲述事例等方式列举了一些校园欺凌事件，让学生意识到校园欺凌的危险性以及给被欺凌者造成的伤害。倡议全班学生在"向校园欺凌说'不'"的承诺书上签名，承诺拒绝欺凌从现在做起，从自身做起。另外，还在班级中开展了"一帮一""献爱心"等实践活动，促使学生在具体活动中体验与同学友好相处、互帮互助，争做有道德的人。

小学生正处于心理和生理发展的阶段，他们还没有形成正确的人生观和价值观，不能明辨是非，很容易受到社会不良因素或是周围不良品行人员的影响而实施欺凌行为。遇到这类事件时，班主任不能因某件事片面地给某个孩子贴上"好孩子"或是"坏孩子"的标签，孩子们犯错误是在所难免的，关键在于如何引导犯错误的孩子们认识到错误的危害性并自觉、及时地改正错误。作为班主任，要关心每一个孩子，当孩子们受到欺负或是委屈时要替他们伸张正义，当孩子们欺负了别人时要引导他们意识到欺凌背后可能会导致的严重后果，还要勇于承担责任。

第二章

02　教学相长

精彩需要耐心等待

新教材每个语文园地中都编排有展示台，意在充分体现学生的自主性，发挥学生的特长，给学生创设展示自我、创新自我、塑造自我的平台，也给学生提供了一个展示课内外学习收获的舞台。为了达到以上效果，每遇到展示台，我都会安排一节课的时间让学生充分、自由地展示自我。

每次上课，我都习惯性地站在讲台上"指挥"，需要谁上台时便点兵点将，于是有些学生可能特别想展示，却没被点到；有些学生可能正在思考展示什么却被点到了。这样一来，很多学生因为"被上台"而少了自主选择的可能。

有一天，上展示台中"露一手"时，我突发奇想，在黑板上写下"我来露一手"五个大字，便走下讲台。我坐在靠窗户边一张空位上说："今天的主角是你们，老师不会点任何同学的名字强求你展示，谁愿意展示谁就上台。"我的话音一落，同学们面面相觑，对我从未有过的这一做法很是奇怪。顿时教室里沉默了，一分钟，两分钟……我着急了，看来学生要让我难堪了。时间一分一秒地过去，到了第三分钟时，"噌"的一声一名女生跑上台，我像盼到了救星一样，高兴地说："最勇敢的小明星出现了，让我们把掌声送给她。"教室里响起一阵热烈的掌声。掌声之后，一句"大家好，我想给大家讲个故事"打破了僵局。同学们认真地倾听《三只小猪》的故事，她讲得那样生动，那样认真，最终她的展示又一次赢得了全班同学的掌声。

她走下讲台，教室里又安静了。我赶紧说："我们期待着下一位明星的出现。"同学们都望着我，有些学生做着把腿伸出来又缩回去的动作，其实他们这样做的目的是想引起我的注意让我点他的名，那会儿，我也很想这样再次打破僵局。可我忍住了，这一忍奇迹竟又一次出现了。坐在中排第一位的一名小男生上台了，这是一名学习中下等的学生。我又一次高兴地说："勇士出现了，我们用最热烈的掌声鼓励他。"惊喜之余，我又暗自担心他的展示不精彩，可是他的表现远远超乎我的预想。他讲了一个特别长的故事，而且语言清晰，故事情节完整。这次，全班学生自发地把热烈的掌声送给了他。平日再平常不过的他喜滋滋地走下讲台，笑容中藏着骄傲和自豪。

接下来，学生展示自我的欲望和热情便一发不可收拾，这边同学刚下，那边早已有人站出来。于是，笑话、英文歌曲、舞蹈、朗诵……精彩展示一个接着一个，教室里掌声一阵高过一阵，笑声一阵高过一阵。到最后，坐在后排的学生因没有抢先上台的优势而早早地站在讲台下排队等候，而且等候的人越来越多。可时间却体会不了学生此刻急于展示自我的欲望。下课了，一声声"唉"道出了他们深表遗憾的心声……

课下，我欣喜若狂，感慨万千。欣喜的是班上的学生竟然那样出色，感慨的是以往的课堂上我留给学生这样自主展示的机会太少了。回想"我来露一手"这节课，正是由于课堂上我一次次的期待，才为学生提供了树立自信心的时间，让学生超越了自我，逐步树立了敢于展示的自信心；正是课堂上我一次次的鼓励，才让学生克服了胆怯心理，不断增强了学生的勇气。试想如果这节课中当学生沉默时，我大发雷霆；当学生不愿上台时，我草草结束；如果……幸亏只是如果，因为每一个如果都将使我错失精彩，使学生错失成长。

当我再次静下心来品味这节课时，有很多深刻的触动。21世纪是充满竞争的世纪，敢于冒险、敢于探索、善于竞争、富于创造是21世纪对人才的基本要求。在这样一个开放而又竞争激烈的社会中，要想更好地生存和更好地发展自己，自信这面旗帜不可缺少。"我来露一手"这节课中，学生由沉默到有一人上台，再到陆续有人上台，直至排队等候上台，这是在我的耐心等待与一次次鼓励下，学生由不自信到自信的过渡。此后，每遇到这样的课堂，我不再担心学生不敢上台，因为那次的"改革"已使学生的自信心增强，学生不再惧怕上台，也不再担心自己不如别人好。这种感受将会影响学生的一生，能鼓励学生大胆地往前走。

由此可见，课堂上教给学生知识固然重要，但培养学生的自信心更为重要。自信不是一朝一夕就可以树立的，它是一个漫长的过程，是需要我们用极大的爱心、耐心和细心去慢慢呵护起来的。正如范德比尔特所说："一个充满自信的人，事业总是一帆风顺的，而没有信心的人，可能永远不会踏进事业的门槛。"今后，我将充分尊重学生的个性，因材施教，让所有的孩子都能拥有自信，在前进的浪潮中扬起自信的风帆！

指导一年级孩子写好一句话

《语文课程标准（2011年版）》（以下简称《新课标》）指出："写作是运用语言文字进行表达和交流的重要方式，是认识世界、认识自我、创造性表述的过程。写作能力是语文素养的综合体现。"低年级写话教学是中高年级作文教学的基础，也是低年级说话教学的一种提升，更是学生语文素养的综合提高。《新课标》还指出："第一学段定位于'写话'，第二学段开始'习作'，这是为了降低学生起始阶段的难度，重在培养学生的写作兴趣和自信心。"我在带一年级学生时，为了培养一年级学生的写话兴趣，为了树立学生们写话的自信，为了学生们具备良好的交际能力，也为了帮助学生顺利应对中高年级的习作，我在教学中重视了一年级孩子怎样写好一句话的实践研究。

一年级孩子由于刚步入小学，对于怎样完整表达还没有清晰的认识；又因为孩子平时接触最多的是爸爸妈妈或是爷爷奶奶，由于家里人对孩子特别了解，所以对于孩子的喜好、愿望等，很多家长凭借孩子的眼神、动作、肢体语言等都可以猜出来，即使孩子口头语言表述得不清楚，也不会影响交流。这使得大多数学龄前孩子说话时"颠三倒四""缺东少西"。为了让学生养成良好的表达习惯，我关注学生平时的交流或是课堂发言中的每一句话，时刻重视引导学生说完整话。课堂上提出的问题要求学生回答时，总会提醒孩子们用完整的话回答。如教学《雪地里的小画家》一课时，当我问道："雪地里来了哪些小画家？"学生七嘴八舌地说"小鸭""小狗""小猫"等，我及时出示了"雪地里来的小画家有＿＿＿、＿＿＿、＿＿＿、＿＿＿"，让学生按照这一句式练习说完整话。再如，上课时问学生"这篇课文有几个自然段"或是"这段话共有几句"时，学生起先肯定直截了当地说"三个自然段"或是"五句话"，我总会提醒学生："请说完整话。"那学生便会再说一遍："这篇课文有三个自然段。"一、二年级的课堂中，教师千万不可因节省时间让学生养成用词语或短语回答问题的习惯，因为这样时间一长，会极大地阻碍学生口头语言组织能力的提高。

因为我从刚入学就重视了说完整话，所以指导学生写一句完整话并不难。自每天写一句话的作业坚持了两周后，我发现学生写的话不仅句式简单，内容也很单一。每天批阅写话本时总会看到"我回家就写作业""我帮妈妈干活""我把作业写完了"等简单语句。我及时引入"四素"句，即包括时间、地点、人物、事件这四个记叙文要素的句子，一句"四素"俱全的话是教学生读、写记叙文最基础的基本功。例如，"星期天，我去书立方看书"。另外，为了让学生有话可写、有话想写，我还对学生进行了阶段性的训练。当大部分学生能顺利写一句完整话后，我先引导学生在写一句话的过程中合理地使用逗号。例如，"今天早上，我起床迟了。来到学校时，老师已经上课了"。接下来又把冒号、引号如何使用教给学生，并引领学生练习写人物语言。我还教给学生"把字句"和"被字句"的互换、陈述句与感叹句的转换等。经过阶梯性的训练后，学生逐步学会了写表达较为清楚的一两句话。

练习写话一段时间后，我发现学生已经能熟练地写一句话了。久而久之，学生便觉得太简单了。于是，我又引导学生将句子写得再长一些，也就是把句子写得再具体一些。为此，我做了这样的指导：

一天，我在黑板上写下"我去公园玩"这句话（学生自由读这个句子）。

"谁能在这个句子中加一些字，让它变得长一些？"

全班学生先是一阵沉默，之后有一名同学举手了，他说："在'我'后面加上'和爸爸妈妈'几个字。"

我转身在句子中用添加符号加上了"和爸爸妈妈"后，说："请同学们大声读读这个句子。"学生放声读句子后用羡慕的眼神望着第一名发言的同学。

"谁还能将这个句子写得长一些？"

这次举手的孩子比之前多了。

一名学生说："星期天，我和爸爸妈妈去公园玩。"

又一名学生说："今天是星期天，我和爸爸妈妈去公园玩。我们玩得很开心。"

教室里响起一阵热烈的掌声。掌声之后，我试探着问："可不可以再加上去

'到哪个公园玩了'？"我的话音一落，举手的学生更多了。

一名学生说："今天是星期天，我和爸爸妈妈去五泉山公园玩，我们玩得很开心。"

我乘胜追击，接着问："公园里能玩什么？"全班学生举手了，可能是因为想争着说说自己喜欢玩的游乐项目。

一名学生说："今天是星期天，我和爸爸妈妈去五泉山公园玩。我们玩了激流勇进、海盗船、空中飞碟……今天玩得真开心。"

每一次学生添加完内容后，我都会及时在黑板上进行补充。之后，我先请同学们自由读黑板上的句子，接着让学生数数原来句子中的字数，再数数补充完的句子字数。同学们恍然大悟，我及时总结道："这样写出的句子就显得具体生动了。"当天晚上，我给学生布置的作业是将"春天到了"这句话写得具体、生动一些。第二天批阅学生的写话本时，我看到了这样的句子：

春天到了，小草发芽了，小树变绿了，迎春花开了。

——潇洋

春天到了，小草和小树好像从睡梦中醒来一样，他们都长出了绿绿的嫩芽。

——浩春

为了鼓励学生坚持写话，也为了激发他们写话的兴趣，我每天坚持按时批阅写话，除了用"A""B"这样的等级符号作为评语外，还会根据学生的写话内容写一些激励性的评语。

如一名学生写了这样一段话：

今天傍晚的时候，妈妈带我去俱乐部看打乒乓球。到了那里，我看见许多人在练习打乒乓球。其中有一对练习者互相扣杀、推挡，一个球打了很多回合，看得我兴奋不已。妈妈说："他们打到这样熟练的程度都是刻苦练习的结果。"这让我想起了一句话——台上三分钟，台下十年功。做什么事情都要努力付出，才能获得成功。

——珂菱

我写了这样的评语：

你的写话能这样棒也是你每天坚持写话、坚持读书的结果！继续努力哦！

又如，一天，我班上的一名学生将一只仓鼠偷偷带到学校。当天，正好英语老师要上公开课，就在英语老师兴致勃勃地讲课时，那只淘气的仓鼠从书包里逃了出来，学生全都惊呼着低头找四处逃窜的小仓鼠……课下，我找到这名学生批评了他。第二天，我看到了这样的写话：

我今天犯错了，不应该把小仓鼠带到学校里。今天有其他班的老师来我们教室听课，突然小仓鼠从我的桌仓里跑了出来，把同学们吓坏了。我知道我错了，我还向老师撒谎说是我妈妈让我带仓鼠的，我以后再也不敢了。

——文涛

我写的评语是：

老师原谅你了，希望你以后严格要求自己，遵守学校的各项纪律。

再如，一天，有一个小姑娘写了一首诗，诗的内容并不精彩，但她是班上第一个写诗的学生。为了鼓励她，我的评语这样写道：

"你小小年纪就学会写诗了！真了不起！继续坚持，相信你以后会写得更精彩！"

我在班上特别表扬了这个孩子敢于写诗的勇气与魄力。不久后的一天，当我批阅学生的写话本时，竟然看到了更精彩的诗：

眼神

珂菱

小草的眼神是绿色的，像清澈的湖水碧波荡漾；

小花的眼神是多彩的，像诱人的蜜糖芬芳无比；

妈妈的眼神是美丽的，像夜空的星星闪闪发光；

老师的眼神是和蔼的，像冬日的暖阳充满鼓励。

语文素养是学生学好其他课程的基础，也是学生全面发展和终身发展的基础。如果说其他学科是知识的宝库，那么，语文就是开启这些宝库的钥匙。为了让更多的孩子获取开启知识宝库的钥匙，应该及早重视写好一句话的训练，为学生在中高年级顺利写作打下坚实的基础。

在感动中感悟

今天下午，我在讲本单元的考试卷。讲到作文题目"感谢＿＿＿"时，我想起了阅卷时感受最深的一篇作文，想给全班学生读一读，目的是让学生受到启发——写作文时，选材特别重要。另外，要叙述清楚事情，还要力争写出真情实感。

起初，我边读这名男生的作文边做分析："开头直奔主题，点明了要感谢的人是爸爸。"可当我继续往下读的时候，我再也无法像先前那样——边读边分析好在哪里。这名男生作文中所写的事深深地打动了我的心，这是读者与作者之间的一种共鸣。

"听到爸爸说的话，知道了他在和妈妈通话。'我实在坚持不了了，你赶快回来吧！'我知道爸爸一定病得不轻，否则也不会这样央求妈妈……"

读到这里时，我好难受，但我强忍内心的难过继续往下读。语速慢了，不连贯了；语言中断了，哽咽了，终于泪水夺眶而出。我使劲按住胸口，大口大口地吸气、呼气、咽唾沫，想赶紧平静下来。因为学生都在看着我，我不想让学生看到老师流泪。可事实是泪水涌得更快，我使劲抹了几把眼泪后，鼓足勇气抬起头说："对不起！我失态了！"想接着读下去时，却看到了一名名泪流满面的学生。有的学生掩面哭泣，有的学生不住地抹泪，有的学生的脸上挂着豆大的泪滴……我克制着心中的感动，继续哽咽着往下读。

"爸爸每天一回家就为我做饭，那天也一样。可是，一向坚强的爸爸那天落泪了，我知道家里的靠山要倒了。爸爸住院了……爸爸，谢谢您为我付出那么多。家里的门会一直为您敞开着……"

教室里出奇的安静，能听到隐隐的啜泣声。我也坐在讲桌前的椅子上，沉思了许久。我想：这样的时刻，学生肯定比我想到的还要多。此时无声胜有声，就让学生自觉地感悟生活，感恩父母，学会长大吧！

这节课，虽然重点内容是写作文时如何选材、如何叙述清楚事情、如何写出真情实感等，我都没有做细致入微的讲解。但我读范文的过程，正是孩子们细细品味的过程，之所以有那么多的学生能感同身受，都是被小作者作文中描述的事情和抒发的真挚情感打动了。

我这次读范文，不仅向学生潜移默化地渗透了如何选择材料，还让学生体会到真正打动读者的作文必定是作者用真心、用真情完成的，更重要的是借着讲作文的时机，对学生进行了感恩教育，这对于增进家庭成员之间的感情一定会起到积极的作用。

"忘记"与"旺季"

——让课堂"真"起来

很多时候，没有外力的水面是很平静的，忽然有一刻，当或大或小的石子投入水中，就一定会荡起涟漪。课堂也一样，如果没有学生，老师讲得再生动也枉然——因为课堂真正的主人是学生，教师只不过是组织者，成就课堂鲜活与本真的是学生。

一天上课时，我引领孩子们复习第1—4课学过的生字。学生依次"开火车"认读生字并组词，其余学生进行跟读。在一名学生看到生字"旺"时，很快读出了读音，但迟迟想不出一个词语。教室里安静极了，终于他挖空心思想出了一个词"旺旺"。我知道，这是"旺旺大礼包""旺旺雪饼"的功劳。我表示这个词语太口语化后，全班学生都只是望着我，不知道组什么词。于是我补充道——"兴旺""旺季"。我话音刚一落，班上一名男生便高高地举起小手。我以为他受到了启发也想组一个词语，便请他说。谁知他站起来说："老师，'wàng jì'的'wàng'不是这个'旺'。"我听了肯定地说："就是这个'旺'字。"听我这么一说，那名男生不再举手，依然看着我，认真地说："'wàng'不是这个字。"我又问道："是哪个字？"那名男生郑重其事地说："就那个'wàng'。"他着急得挠着头不知如何说清楚。见他说不明白，我便认为他该听我的了——我是对的，就让全班孩子再读一下"旺季"这个词。谁知他不但不读，反而瞪大眼睛，直接大声喊了一句："'wàng'不是这个字！"没想到他竟然抗议了。我本想不理会他，但又觉得必须给他证实一下的机会，于是指着讲桌上的字典说："去查一下！"我继续给孩子们上课。还没认两个字，他双手捧着字典递给我，指着"忘记"高兴地说："老师，您看！"

我恍然大悟。原来，我说的"旺季"有别于他说的"忘记"。我快步走上讲台，在黑板上写下我说的"旺季"和他说的"忘记"。我让学生齐读了两个词语后问道：

"同学们，你们有什么发现？"

"这两个词的读音完全一样。"一名学生说。

"这两个词的意思不一样。"又一名学生说。

我趁热打铁，追问道："第一个'旺季'是什么意思？"学生默然一片。我又问："哪一名同学的家长是做生意的？"有三名学生举手，我一一问他们："你们从家人口中听到过这个词吗？"三名学生纷纷摇头。我便举了个例子："夏天你们最爱吃什么？"学生大喊："雪糕！"

"对于卖雪糕的人来说，夏季就是做生意的旺季。你还知道哪些行业的旺季？"

"夏季买凉鞋的人最多，所以是旺季。"

"卖靴子的老板最喜欢冬季，因为冬季买靴子的人多，所以是旺季。"

…… ……

"那'忘记'是什么意思？"

"记不起来了。"

…… ……

由于他的反驳，引出了一段辨析"旺季"与"忘记"的教学片段，这一教学过程活灵活现、恰如其分。

真好！那节课我遇到了一个敢于质疑、爱较真儿的孩子。其实，课堂需要这样较真儿的孩子，至少这样的孩子不随波逐流，至少这样的孩子积极思考过才敢于质疑，只有这样的孩子才有打破砂锅问到底的勇气，也只有这样的孩子才有可能成为创新人才。真希望每一节课堂都能还给孩子做真我的机会——敢说、敢问、敢反驳、敢挑战！敢于向老师提出质疑，敢于和老师较真儿，这正是学生批判精神的体现，也正是他们创造精神的萌芽与发展。不管他们的理由是否充分，不管他们的观点是否正确，每一位教师都应当用善意的眼光去看待，多些耐心和解释，多些尊重和支持，让他们在张扬个性的同时获得自信，获得成功。

　　课堂是开放的，也是生成的，作为教师需要辩证、理性地对待课堂上的生成性资源，及时地调整教学目标，满足学生的探索欲望，让课堂教学焕发出生命的活力。只有在课堂求真，才能体现有效；只有不断求真，才能持续高效。求真的课堂必须是务实的课堂，只有坚持务实，才能不断求真。这也正如爱因斯坦所说的："让学生学会独立思考和独立判断比获得知识更重要。"

　　从那以后，每堂语文课我都会很认真地对待每一个举手的孩子，也会仔细倾听每一个孩子的发言。我才发现，课堂上临时生成的问题或情境能为"真"课堂起到推波助澜的作用，能使课堂呈现意想不到的精彩，这才是真正的高效课堂。于是，我的课堂上便总能听到孩子们这样的语言——"老师，我要补充一下××同学的发言……""老师，我不同意××同学的观点……""我想纠正一下××同学的说法……"在这样的学习氛围中，孩子们养成了勤思考、敢质疑的好习惯。有人说："会质疑的孩子会学习。"孩子们在较为宽松的课堂氛围中碰撞出的思维火花，不仅激活了课堂气氛，也提高了课堂效率，使得全班孩子在互相学习、互相帮助的过程中不断提高、不断进取。

　　课堂需要预设，但更要尊重生成！让课堂"真"起来，才更能激发孩子们的学习兴趣！

教材也常读常新

今天上"d、t、n、l"一课，讲完声母、拼读音节后，我带领学生学习书本右半部分的音节。为了让学生对要读的音节"dà mǐ、tǔ dì、mǎ、tù"有初步的感性认识，我引导学生观察了图画。学生对图上画的动物一一表述清楚后，我便领着学生拼读音节。"dà怎么拼读？"学生认真地读着"d—à—dà"。在读音节的过程中，坐在最后一桌的一名男生一直注视着我，总是举着手。这名学生平时上课较为调皮，坐没坐相，站没站相，还特别爱打小报告。我猜想肯定又是要告状，所以虽看见他在举手，但没有理会。

"下一个音节mǐ怎么拼读？"学生又认真地读着"m—ǐ—mǐ"。等我再次将目光转向最后那名学生时，他像是看到了希望似的又将手往高举了举。我依然没有理会，又一次进入下一个正题："tǔ dì怎么拼？请练习拼读。"学生都忙着拼读，我环顾四周望了望全班学生，依旧看到他举着手，这回他不光举着手，还索性站了起来。

我有点儿生气，气呼呼地说："浩然，我没有提问，你总举着手干什么？"

"老师您看，'米'掉了。"

"哪里的米掉了？"我的声音有点儿高，同学们都不约而同地转身望着浩然。

"老师，小马背上的'米'掉啦！"

我一时很诧异，于是定睛看了看书中的插图。起先我并没有看到，又仔细看了看，禁不住说道："真有'米'掉了。"

经我这么一说，教室里安静了，孩子们个个低头认真观察着图画，继而有学生七嘴八舌地说起来。于是，我暂停了预先安排的教学流程，随即有了如下的交流环节：

我："你们看到'米'了吗？"

学生："看到了！"

我："哪来的米？"

学生："小马背上的米袋破了。"

我："小马知道吗？"

学生："知道！"

我："它怎么知道的？"

学生："小兔告诉它的。"

我："想一想小兔会怎样告诉小马。"

同桌间尽情地说着——"小马，小马，等一等，米袋里的米撒了！""马哥哥，快停下！你的米袋破了。"……

在这样的交流中，学生不光轻而易举地学会了"dà mǐ、tǔ dì、mǎ、tù"的音节与如何拼读，还意识到认真观察的重要性，更重要的是在讲述故事的过程中学会了讲故事要合理想象，学会了与人交往要态度真诚，学会了和他人交流要礼貌待人。

走出课堂的那一瞬间，我惭愧不已。工作近二十年，我已四次接触过一年级教材，也就是说，这一课的教学内容我至少是第四次上了。为什么以前没有发现这幅插图中还藏着一个助人为乐的故事呢？为什么以前上课时没有借助这幅插图渗透汉语拼音词汇的教学呢？

《新课标》要求我们不仅要认真研读教材，还要反复研读教材。教材和课外书一样，只要反复研读也可以常读常新——哪怕是一年级的教材，每认真研读一次，也会有不一样的发现与收获。

读书条之约

从一年级学习拼音开始，我就主张孩子们坚持读课外书。起初读注音版读物，如《安徒生童话》《格林童话》等。由于孩子们还小，认识的字又特别少，再加上刚学完拼音，阅读时总会遇到许多困难。为了让孩子们巩固拼音，让他们逐步养成自觉读书的习惯，我每晚都会留一项固定作业——"自觉读课外书"，读书的时间长短依据自己写完作业的早晚而定，如果写完作业早，就多读一会儿；如果写完作业时间晚了，就少读一会儿，哪怕读书时间只有5分钟也行。

任何一项作业，如果不检查、不督促都是收不到良好效果的。我检查这项作业依靠的是家长的一张签字条。每晚孩子们读完书后，家长都要为孩子签一张读书条。签字条上要求写清楚"谁什么时间读了什么书，读书多长时间，读得怎么样，有哪些收获"等。

每天早上，先由组长收取各小组成员的读书条交给学习委员，再由学习委员汇总人数后交给我。我每天会利用学生早读的时间段当着孩子们的面一一查看他们读了什么书、读了多长时间等。这样做的目的一是了解孩子们每晚读书的情况，二是让孩子们意识到老师对自觉读书这项作业的重视程度，三是督促孩子们每晚坚持读书，四是及时表扬读书时间长的孩子和为孩子写读书评价语的家长。在我坚持检查家长签的读书条的过程中，我看到了很多负责任、积极配合的家长。这些家长有的在签读书条之前会有意识地问问孩子读了什么书，让孩子讲讲所读书中的内容后再签读书条，还有的家长会和孩子进行亲子阅读，读完后用自己的语言写下所读部分的主要内容，再让孩子读一读，启发孩子慢慢学会自己概括内容。

肯定有老师想说，遇到不读书的孩子怎么办？这点我在开家长会时就和家长商量好了对策：如果孩子确实没有读书，无论怎样哭闹，家长都不能签读书条，这样做的结果是大多数孩子都会读书。也有个别孩子会偷懒，就是不愿意读书。凡是第二天早上没有读书条的孩子都会受到小小的"惩罚"——抄写一次语文园地中的"读读背背"。语文老师都知道，语文园地中的"读读背背"都是必须要掌握的，抄写一两遍是有益无害的。这样"处罚"一两次，那些孩子自然会选择读课外书而不是被罚抄"读读背背"的内容了。

如今，我带的这班孩子已是六年级。在家长的大力配合下，大多数孩子已养成了自觉读书的习惯。读书已成了一种习惯，而不是一项作业，因为读书已成了他们最大的乐趣。

我曾看过一篇文章，文中讲到的一个观点我很赞同，即小学的重点不在成绩而在于阅读。阅读能力的培养，既需要持续性和连贯性，又要阅读量的累计。6–12岁是阅读能力长足发展的黄金时期，这六年中什么都没有海量阅读、大大提高阅读能力重要。要实现海量阅读，单靠在学校读书根本无法实现，这就得加大课外阅读量。而孩子们大部分的时间是在家中度过的，只有依托家长的协作与支持方能实现这一目标。

了解学情很重要

今天上午第一节课，我聆听了一节二年级的"群文阅读"研讨课——"有趣的科学"。执教老师课前给学生发了三份阅读单：第一份是《天外来信》，是一位美国宇航员为14个月大的儿子写的信，信中有三篇日记（这封来信大约1100字符）；第二份是《兔眼睛，狗鼻子》（大约325字符）；第三份是《动物必须刷牙吗？》（大约650字符）。

老师让学生阅读时的学习任务是看看文中哪些内容很有趣。因为刚开始听课时，我没看到学生手里的阅读内容，所以听学生交流时也没有听清楚他们究竟在说些什么。于是，我离开座位悄悄走近邻座的学生，用手机拍了学生手中的阅读单。为了提高听讲的效果，也为了能听清孩子们交流的内容，我认真读了第一份阅读内容《天外来信》，读前就留意了一下时间。当我默读完三篇日记后，再次留意时间，发现读了5分钟。当时我在想：学生读这篇文章时，老师留了多少时间呢？因为之前没有考虑这么多，所以没有留意学生读书的时间。我是成人，默读的速度应该是比较快的，作为成人的我尚且读了5分钟，那么作为二年级的学生按照常理来说应该读多长时间才能读完呢？

我想到了2011年我做的课题研究——《培养高年段小学生有效默读能力的研究》。研究之初，我做了一个默读速度的测试，并进行了数据整理分析。我用学生所读文章的字数除以默读的时间得到40名学生的平均默读速度约为3.85字符/秒。按照此默读速度计算，学生每分钟的默读量大致为231字符/分钟。《新课标》要求高年级默读要有一定的速度，默读一般读物每分钟不少于300字符。当时，将我们学生的默读量与之相比较差距还很大，于是，我在教学中尝试了各种办法来提高学生的默读速度。

对于二年级的学生，只要求学习默读，做到不出声、不指读即可，对阅读的量没有明确的要求；到中年级要求"初步学会默读"并"学习略读，粗知文章大意"；到高年级才要求"默读要有一定的速度，默读一般读物每分钟不少于300字"。

听完课后，我将今天课堂上拍照的三份阅读单做了字符统计，三篇阅读内容约2000字符。如果用我测出的五年级学生的平均默读速度3.85字符/秒，每分钟的默读量约231字符进行计算，2000字符约用时9分钟。9分钟的阅读时间是按照五年级学生的默读速度计算的。如果按照低年级学生的默读速度计算，估计至少得用15分钟。这只是单纯的默读，如果带着思考问题默读，速度还应该再慢一些。优秀的学生尚且如此，对于那些识字量小、读书速度慢的学生来说耗时会更多。

我还留意了这三篇文章中标注了读音的共有27字符——2000字的内容仅有27字符标有拼音，这样的阅读任务显然是针对那些凡学过的生字都认识的孩子来说的，但是一个班的孩子真有这样整齐的水平吗？答案是否定的。由此可见，教师在选定群文阅读的篇目时没有考虑到学情。

一堂课的好与坏、优与劣，很多时候取决于学生在课堂上的表现。如果学生能认真听讲，还能积极参与到整个环节中，这样的课堂才能体现学生的主体性。如果只是个别学生在参与、在互动，其余学生当看客、是陪衬、做听众，把那么多学生放在一间教室里上课就有失"公平"了。因为"吃不饱"的孩子可以利用课余继续补充、拓展，但"吃不了"的孩子，一旦在课堂上消化不了，就别指望其能在课余时间掌握了。所以说，掌握学情和学生的认知水平是教师备课前必须做好的事。

在教学中渗透核心素养

中国学生发展核心素养以培养"全面发展的人"为主旨，分为文化基础、自主发展、社会参与三个方面，综合表现为人文底蕴、科学精神、学会学习、健康生活、责任担当、实践创新六大素养，具体细化为国家认同等18个基本要点。各素养之间相互联系、互相补充、相互促进，在不同情境中整体发挥作用。

《新课标》在"课程的基本理念"中明确指出：语文课程要"全面提高学生的语文素养"。小学阶段正是夯实语文基础的关键时期，也是学生全面发展的基础阶段，所以小学语文教学应该全面致力于学生语文素质的培养，而课堂实践则是培养学生语文核心素养的重要实施途径。在落实小学语文核心素养的课堂实践中应以学生的发展为聚焦点，既整体重视听、说、读、写、思，又重视课内外一体化的全面教学，让学生在生动、灵动、悦动的课堂中产生共鸣，提升语文核心素养。

如在教学《将心比心》一课时，学生默读完文章后很快概括出了课文讲到的两件事：一件是一位阿姨为奶奶等门，另一件是妈妈宽容并理解新任护士。了解了课文大意后，我让学生结合具体事例说说自己的理解。刚开始学生不知怎么举实例，我列举了我生活中的一个习惯性举动。我若是和熟人一起进门，一定会掀起门帘或推开门等候随行的人进完后，再最后进入。若是我独自推门进入，一定会回头看看后面有没有人，若没人，我会松开门或门帘进入；若是有人，依旧会等候来人进入或是后面的人接应我推门或是掀门帘的举动，我才会离去。因为我绝不愿意看到前行的我掀起的门帘重重地砸到后来者的身上。在我看来，这就是个人素养。当然，这素养貌似与学生现在的学习或是考试没有任何关联，但对于学生的全面发展和终生发展来讲，定会起到积极的正能量作用。所以，我一直倡导孩子们首先要学会做人，其次要学会做事，再次才要学会学习。每每这种时候，我总会感受到我不仅仅是传授知识的老师，还是一位教育者，我是在全心地做教育——教育学生学会做人、学会做事、学会学习。

再如，学习《陶罐和铁罐》一课时，学生通过默读课文、分角色朗读课文等形式了解了课文的大意，通过抓重点字、词、句的办法理解了课文内容。之后又通过举例的办法，让全班孩子都意识到"人人都有长处和短处"这个道理——不能光看到自己的长处，也要看到自己的短处。更不能拿自己的长处和别人的短处相比，要谦虚学习别人的长处。最后，通过表演的形式直观地告诉同学们，不能学习铁罐那种骄傲自大、看不起别人的品行，要学习和发扬陶罐谦虚克制的精神。

学生核心素养应该是有综合性的。每一次的教学活动、实践活动、比赛活动都有助于培养学生多方面的素养。就拿最简单的写字来说，教师可引导学生认真观察，使其养成认真观察的习惯；教师可规范板书，使学生在认真书写的过程中会养成做事认真的态度；学生写完后，教师可出示学生写的生字让其他学生给出评价，互评过程中既能促进学生的书写水平，也能提高学生的审美能力。这些都是核心素养中的分支，也就是说那18个要点下还可以分出许多的枝干。每个孩子所具备的利于成长的优良品质越多，越能证明他是一个全面发展的人。所以，我认为核心素养就是那些能让自己变得更加优秀的好品质，这个范畴远远超过18个要点。

读书能唤醒生命

书是世界宝贵财富，是国家和历史的优秀遗产。

——梭 罗

书籍是屹立在时间的汪洋大海中的灯塔。

——惠普尔

书籍是造就灵魂的工具。

——雨 果

鸟欲高飞先振翅，人求上进先读书。语文课堂中给学生推荐经典书目是不可缺少的，因为读书能让学生体验到更独特的快乐，得到更持久的发展。

四年级下册第五单元是关于"生命"话题的，在学习完《触摸春天》这一课后，同学们被盲女孩神奇的灵性、对飞翔的渴望以及对生命的热爱深深感动。拓展延伸环节，我给学生推荐了海伦·凯勒的著作《假如给我三天光明》。五一放假三天的作业就以读这本书为主，读完后每人完成一篇读后感，并为本单元要举行的读书交流会做准备。

五一放假回来的第一节语文课上，孩子们互相传阅着写好的读书交流稿。我在翻阅孩子们写的读后感时看到了这样的语段：

读完这本书，我深刻地认识到，人体有缺陷、有缺点并不可怕，重要的是要拥有一颗积极向上、阳光乐观、敢于创造奇迹的心。从现在开始，我们要抓住每分每秒，不要等到光阴虚度了才懂得珍惜。我们要像海伦·凯勒那样，不埋怨，不放弃，好好珍惜已经拥有的，奋发学习，勇于面对生活中的每一件事情，用顽强的毅力克服困难。

——岩

海伦·凯勒告诉我们,人生需要直面现实,健康、乐观、积极向上的心态才是成功的秘诀。上帝对于每一个人来说是平等的,是公正的,他并没有赐予谁智慧,赐予谁笨拙,而有些人所创造的奇迹都是靠乐观、毅力、坚韧、吃苦换取的。

——佳柠

和海伦·凯勒相比,我们应该为自己看到这个多姿多彩的世界感到庆幸。我们应该好好地珍惜生命,把握好生命中的每一分钟,对自己的生命负责。一位又聋又盲的人都能珍惜生命、感谢生命,拥有健全身体的我们又有什么理由不对自己的生命负责呢?

——旻佳

…… ……

好多孩子在读后感中表达了自己对生命的理解,对海伦·凯勒乐观积极心态的赞赏,这更坚定了我要在班级中召开读书交流会的想法。5月2日晚上,我留了一项作业——明天下午第一节课召开读书交流会,请愿意交流的同学今天晚上再次整理准备交流需要的课件或是卡片资料等,明天早上在主持人昊东处登记要交流的题目。

5月3日那天,凉风夹杂着细雨,室外显得格外冷,但我班教室内温暖无比。下午第一节课是我们班的读书交流会,来参加此次交流会的除了我们班学生,还有同年级的四位老师以及各班派来的学生代表。80余人齐聚四(1)班教室,共同聆听、见证了我们班孩子同读《假如给我三天光明》后的收获与感悟。

读书交流活动由两位主持人主持,参与现场交流的学生并不是我提前安排的,也不是主持人之前预设好的。谁上台,第几个上台,全由学生自己决定。主持人只是用"下面谁来交流……有请××同学上台交流"和"××同学的交流让我们知道了……让我们再次把掌声送给他"的串词,如穿糖葫芦似的将其穿在了一起。整个过程使糖葫芦光鲜亮丽、吸引眼球的并不是葫芦签,而是那一个个诱人的糖葫芦。我和同年级的几位老师则完完全全地做了一回观众。

交流活动结束后,我对本次活动做了如下总结:

　　孩子们，首先祝贺大家圆满完成了本次读书交流活动。今天的活动非常成功。听到你们交流时的读书感悟，我既欣喜又感动。因为你们从海伦·凯勒的命运中学会了坚强面对学习、生活中的挫折，拥有了阳光、自信、健康的良好心态。这将会成为你们一生最珍贵的财富。在此，我也想送给大家几句话：我们不能改变天气，但是可以改变心情；我们不能改变容貌，但是可以展现笑容；我们不能决定他人，但是可以把握自己；我们不能预知明天，但是可以利用今天；我们不能样样顺利，但是可以事事尽心，就让我们勇敢地面对现实，接受挑战，超越自我。也愿大家今后始终以"读万卷书，行万里路"为目标，积极投身各种读书活动中。与书相伴的人生，一定有质量；与书交朋友的你们，一定有内涵，有发展前途。加油，孩子们！

《劝学》感悟

这天，我早早到校批阅学生前一天晚上写的家庭作业。早读时间到了，按照惯例，应该是我带领学生一起读学校配发的"两翼教材"中的《经典阅读》。因还没有批阅完家庭作业，就让班长组织大家读《经典阅读》中的文章。

就在我批阅作业时，听到班长起头说："《劝学》——起！"于是，全班学生大声地读了起来：

《劝学》

（唐） 孟郊

击石乃有火，不击元无烟。人学始知道，不学非自然。

万事须己运，他得非我贤。青春须早为，岂能长少年。

因为是初读，同学们读得并不流畅。班长再次起头，同学们又重新读了一遍。在他们读第二遍时，我想到了多次迟到的大新同学，想到了不愿完成作业的蕊和辉，想到了上课三心二意的涛和天，于是停下手中要批阅的作业，建议学生把这首《劝学》再读一遍并说说这首诗的意思。学生纷纷举手：

"学习也需要压力，这样才能取得好成绩！"

"我们不可能一直是小孩，也不可能一直都年轻，如果现在不学习，到老了就可能一事无成。"

"命运掌握在自己手中，不论什么事情都要靠自己规划。"

"只有学习，才能成就我们精彩的未来！"

…… ……

在学生的你一言我一语中，我让他们再读这首诗的目的达到了。我说："同学们，老师想把这首诗送给你们，你们愿意背下来吗？"之后，教室里便全是背《劝学》的声音。因为理解了诗意，孩子们很快就背得滚瓜烂熟了。

我调侃道："以后，谁要是不好好学习，我就让他一遍遍地背诵《劝学》。"学生一阵大笑，似乎在说："这太简单了！"

这时，有学生突然高喊："李老师，这本书中还有一篇《劝学》。"其他学生也附和起来。紧接着，就有学生开始读起来了。

《劝学》

（唐）颜真卿

三更灯火五更鸡，正是男儿读书时。

黑发不知勤学早，白首方悔读书迟。

于是，教室里又有了读、背第二首《劝学》诗的热潮。因为这首诗中的后两句以前背过，所以这首诗很快便被同学们收入脑海中。我见学生兴趣正浓，灵机一动，让他们在书中这一页也自创一首《劝学》。

一旦学生对一件事情有了兴趣之后，就什么也不怕了——哪怕是学着诗人作诗。顿时，教室里只剩下了从文具盒中拿笔，在书本空白处中写字的声音——唰唰唰……唰唰唰……不一会儿，有同学迫不及待地举手要朗读一下自己作的"劝学"诗。我应允后，那名学生站起来有模有样地读起来，教室里自发响起了掌声。这边的学生刚坐下，那边早已有学生站起来读诗，继而又是一阵掌声……

就这样，十五分钟的早读时间伴随着一阵铃声结束了。学生背会两首诗，自创一首诗，欣赏了几首同学写的诗，这十五分钟超值了！因为第一节课是数学课，我只能无情地阻止继续想读诗的学生，没想到教室里发出一阵唉声叹气。于是，我补充了一句："今晚的家庭作业是借用你爸爸妈妈的手机，把你写好的'劝学'诗以编写信息的方式输入后发到班级微信群内，让咱们班的同学和家长们都来欣赏欣赏你写的诗。""哦！耶！"我窃喜着走出了教室，而教室里的欢呼声久久不曾消失。

晚上，我打开手机后，班级微信群内已接收到了很多首孩子们写的"劝学"诗。我一首接一首地读。我知道，那一晚这些诗的读者肯定不光是我，还有很多家长和很多孩子；我也知道，家长或是孩子们肯定不只是读了这些诗，还会和孩子议论谁写得好，孩子们也会想方设法地修改自己写的诗。口说无凭，邀您做一回五年级孩子们的读者吧！

黄口劝读书，莫当耳旁风。书可细慢品，切勿囫囵吞。少年不读书，老大何立足？小时只知胡嬉戏，烛前苍头自悔迟。

——大新

金色时光悄然失，醒悟已是满头白。孩童不懂勤学早，白首方悔读书迟。

——钧玮

一寸光阴一寸金，寸金难买寸光阴。青春不可荒废过，少年莫等白头悔。

——宣彤

四月春光无限好，儿女读书莫晚矣。青春岂是能再还，白发苍头莫悔迟。

——旻佳

朝拜学堂暮归宿，恰是年少苦学时。若无大志荒于嬉，此生不待光阴复！

——佳沂

少年枉费时，用时方恨少。在校勤学习，趁早苦读书。励志园丁梦，助力中国梦。

——遵仁

读书是打开知识的一把钥匙，而我喜欢在书的海洋里徜徉，书里有清风，书里有阳光，书里有数不尽的奇花异草。书里有温暖，书里有寒霜，书里有说不完的儿女情长！

——浩然

…… ……

于是，我的又一个目的达到了，孩子们应该在互相激励、互相学习中成长。正所谓"三人行，必有我师焉"，这种学习形式下的收获是自发的、自觉的、自省的。

对于五年级学生来说，写这些"大胆"的"诗作"实属"初生牛犊不怕虎"。不过在我看来，缺少些规范、不准确也无妨，因为我让他们写诗并不是要进行严格的创作，更不是要培养诗人，主要是让学生在读与思、思与说、说与写、写与改中得到整体的发展。在学生自觉地读、思、说、写、改的过程中，我尊重了学生的体验与表达，学生不仅积累了语言，还注重了自我感受和品味，实现了学生天性与语文教学的统一。

孩子们的呼声

学校一位年轻老师因参加全国的公开课比赛活动，要在我班试讲《一个中国孩子的呼声》这篇课文。晚上放学时，我给学生留了预习作业，并要求学生在预习之前先通过书籍、电视、网络等途径，了解国内外大事，关心国际动态，尤其关注最为动荡不安、仍弥漫着战争硝烟的地区局势，了解维和部队的使命及工作状况等。

早上，这位老师引领我班学生感悟这篇课文。她先从课题入手，提出问题，激发学生学习的愿望；接着让学生自由读课文，整体感知课文内容，理清叙述顺序；最后借助统领全文的问题，引导学生抓住含义深刻的句子，通过小组合作探究，揣摩课文表达的思想感情。这位老师还利用真实可信的音像资料，通过阅读课文和补充材料，组织学生交流观后感受、读后感受，让学生真切感受到世界并不太平。在指导朗读的过程中把握"巨大的悲痛，深切的怀念"这一情感基调与小作者一起倾诉、怀念、同悲、同恨。很多学生在朗读过程中泪流满面，深有感触。

当天学完这篇课文后，我给学生留的家庭作业是：学完这篇课文，你想说点什么？请写下来。如果你愿意，可以把你写的感受发到班级微信群内。

晚上，我看到了部分学生发在班级微信群里的"呼声"。我一直比较喜欢收藏孩子们写过的文字。因为我觉得孩子们成长的道路上需要很多像我一样的"粉丝"，也因为我在乎他们，所以他们愿意将自己成长路上的点滴收获或是心得体会与我分享。每次收到这样的文字时，我都会一一收藏到一个文档中，还会不时地将所有学生写的文字结集成册。

以下是我在班级微信群中复制的孩子们发来的"呼声"，看到这些"呼声"时，我很感动。为了让更多的人看到孩子们对和平的渴望，我将孩子们写的这些

"呼声"一个不落地做成了美篇，发到了班级群，发到了我的朋友圈。

附：

我班孩子的"心声"
（节选）

当我们沐浴着阳光，坐在明亮的教室里尽情享受学习知识的快乐时，世界上还有不少地方正笼罩在战争的阴影之下，还有好多孩子在惊恐和饥饿中挣扎。战争使美丽的家园变得满目疮痍，战争让孩子们失去了人间乐土。我们厌恶战争，我们渴望和平，请还我们一片宁静的天空。

——丰璐

如果每个国家都没有战争，每个人都有一个美丽的家园，那么，我们的愿望就会实现——孩子不会失去父亲，母亲不会失去孩子和丈夫，每个人都会过着和平、幸福的生活。

——翰雯

战争是残酷的，战争是无情的，战争夺去了许多人的生命，引发了许多本不该有的灾难。因此，我们要祈盼和平，呼唤和平。真切希望所有孩子们和我们一样享受和平、幸福的生活。

——旻佳

不要以为自己不幸福，埋怨爸爸妈妈没有给你买足球，只能把皮球当作足球踢，因为战争中的孩子连鞋都没有。战争带给人们无数伤害，使千万人丧生，家园毁灭。我们在和平的环境下生活是多么幸福。

——大新

我们是幸运的，我们是幸福的，我们没有遭遇战火的威胁。生活在战火中的孩子是多么渴望和我们一样拥有良好的生活环境，和我们一样享受美丽的四季；生活在战火中的孩子多么渴望拥有安宁、拥有幸福！现在的我们是多么幸福，没有战争，只有和平，因此，我们一定要好好珍惜现在的美好时光！

——玥言

战争就像一个魔鬼，它会吸走孩子们的美好愿望，它会带走家庭的幸福，它会夺走很多人的生命。只有和平才会给我们带来无尽的幸福、美好的愿望和孩子们的欢声笑语，所以，我们要维护和平，为战争敲响丧钟！

——夏

通过学习课文和写读后感，全体学生都意识到了战争给人类带来的灾难是深重的。我从他们稚嫩的言语中能感受到他们对因为战争失去家园、失去父母而成了难民、成了孤儿的无数孩子们的深深同情，也让学生对来之不易的安定生活倍感珍惜。

感受父母之爱

人教版第六单元以"父母的爱"为主题选编了四篇课文，学习本单元之初，我先让学生认真读了本组课文的单元导读。根据单元导读的学习任务以及学习方法来学习这组课文。即抓住重点语句体会父母之爱。在学习这组课文的过程中，我将课本与学校配发的"两翼教材"巧妙地结合起来，通过"以读引读"的方式，让学生在扩大阅读量的基础上从多重角度感受父母无私且浓烈的爱。

有一天早上，我在教室批家庭作业，学生在读"两翼教材"之《经典读本》。我听到孩子们在读《懂你》。这首《懂你》是21世纪中国电影《九香》中的插曲，该影片歌颂了伟大的母爱，电影中有一幕经典的镜头：母亲把窝窝头留给了正在上学的孩子，而上学回家的孩子恰巧撞见母亲正在舔他吃完的饭碗。这首歌曾经感动了好多人，也听哭了好多人。

等学生读完这首歌词后，我对学生说这是一首歌的歌词，后来演变为经典的歌颂母爱的歌曲。我突然想让学生也听听这首歌，可是在手机上翻找了好几分钟，也没有找到。因为要急着上新课，听歌就先暂缓了，只好建议学生中午或晚上回家听一听歌颂父母之爱的歌曲。

下课一进办公室，我又在手机上继续搜这首歌，终于找到了。我认认真真地听完了这首歌，虽然已多年没有再听过这首歌，但当那熟悉的旋律响起时，我眼前又一次出现了MV中那感人的画面。

下午到教室后，我问学生中午有没有人听歌，很多学生纷纷举手，有的说听了《父亲》，有的说听了《母亲》，还有的说听了《懂你》。其实孩子们能知道这么多写父爱母爱的歌曲，是因为学校配发的"两翼教材"相对应的这一单元"课文对对碰"中就选登了四首关于父母之爱的歌词。

当学生读完那几首歌词的时候，我问学生有没有什么发现？有些孩子在摇头，有些孩子在举手。举手的孩子站起来说歌词里面有很多地方在押韵（又称"合辙"），比如，《父亲》这首歌就押"a"韵。听到这个孩子的回答后，我让其他同学再观察一下其他三首歌词是不是也有这种情况。这回举手的人多了，大家都找到歌词哪里押韵了。我告诉学生，歌词读起来那么朗朗上口，听起来那么顺耳就是因为有押韵。

受到了书中集中选编歌颂父爱母爱歌词的启发，我想到了让学生也用写歌词这样的方式来写写有关父爱、母爱的内容。那天晚上，我给学生留了两项作业：一是写歌词，二是唱歌曲。

"今晚请大家也学着写一首歌词，写好歌词后可以自己哼唱，也可以找已经学会的歌曲的歌谱，把自己写好的词填进去唱；还可以学唱写父母之爱的歌曲，或许不知不觉中你也能成为小歌星。"

学生听后兴致都很高，纷纷表示晚上要写歌词、唱歌曲。我还鼓励学生在学会唱赞颂父母之爱的歌曲后，以现在流行的"全民K歌"的方式，分享在微信群里。

还记得那天上课时我给学生也唱了一首歌——《一壶老酒》，在唱到歌曲高潮部分时，泪水几次浸满眼眶，但还是强忍着唱完了这首歌曲。在我唱歌时，看到后面坐着的一对双胞胎女孩。从他们坐的姿势以及他们的面部表情来看，她俩在哭泣。我能想到她俩流泪的原因——身在一个单亲家庭，妈妈在她俩出生不久就离她们而去。从小到大，他们一直都是跟着爷爷奶奶生活的，甚至连妈妈长啥样都不知道。

看到我泪流满面，也有些学生感到疑惑，他们睁大了眼睛看着我，既不敢鼓掌，也不敢言语。我唱完歌后对他们说："我之所以在唱歌的过程中如此激动，一是想到了我的父母。我觉得我对父母关心不多，尽孝不够。因为种种原因，每次回家总是匆匆忙忙，还没怎么陪父母就又急匆匆地赶回来了。二是我想到了我的儿子。我的儿子相对来说还是很听话的。但父母与子女之间发生争吵是在所难免的，可当孩子不听父母善意的劝告或是正确的教导时做父母的该会是多么难过。你们在听这首歌的时候，如果没有一丝感触，说明你还未曾用心体会过父母对你的爱。"学生们睁大了眼睛望着我，他们听出了我这番话的分量。结束这节课前，我又一次强调了今晚的作业。

晚饭后，我也反复听了歌曲《父亲》《母亲》。在听歌的同时还会时不时翻看一下班级微信群——我在等待学生分享的"K歌"。

我想通过这样的方式，让学生用心去感受父母的爱，感恩父母的爱，这对学生的成长来说非常重要。一个不懂得感恩的人，即使再优秀也难以有更大的成功；一个心中不知感恩的人，是永不满足的人，也是一个不懂得珍惜现在的人。

在教会学生知识的同时，我一直努力做到教会学生做人、教会学生生活。因为当有一天，学生不再用考试成绩证明自己的时候，真正能帮助他们顺利工作、生活的是怎样为人处世，怎样做人做事。

润物细无声

今天上《落花生》这一课。在第一遍读课文时，我让孩子们思考这篇课文围绕花生讲了哪些事情，孩子们通过读课文知道了这篇课文写了种花生、说花生、尝花生、议花生。之后，我又让孩子们读第二遍课文。这遍读课文时，我让孩子们把自己感悟最深且觉得需要强调的地方重读。之后我让孩子们交流刚才在读书的过程中强调了哪些字眼、词眼或者是句子。有同学表示，强调了第一自然段中"居然收获了"中的"居然"。

接着，我引导孩子们找这篇课文的重点，即议花生。这部分的重点是父亲的话。在反复读了这段话后，就"像桃子、石榴、苹果般具有外在美丽的人"这句话让孩子们谈了自己的看法——具有外在美的人并不是不好，那些只有外在美而心灵丑恶的人并不是拥有了真正的美，但是外在不美内心美的人也一样美丽。

在读完作者许地山的话后，我做了总结，目的是引导孩子们做一个对他人有用的人，而且要落到实处，实实在在地做一些对他人有用的事儿，这样才是有用的人。

随着课间眼操音乐声的响起，这节课结束了。

由于下午要举行课本剧展演活动，我和准时到来的家长们来到了教室所在楼层的舞蹈室，为参演课本剧"完璧归赵"的孩子们化妆。

当我走进舞蹈教室时，看到了一个胖胖的身影。他就是我班的明轩，只见他正在扫地上的垃圾。不知道他是什么时候到舞蹈教室的，也不知道他怎么想起要在这里搞卫生。

我走向他，摸摸他的头说："你是好样的！"之后，他又拿来笤帚和簸箕，将地面上的小纸屑一一扫完了。我表扬了他："你就像那'落花生'一样，是一个默默奉献的人。"

之后，我再没有关注他，而是和其他家长商量早上化妆的事宜。就在我和几位家长说话的时间，看到有一位家长拿着手机在拍照，我顺着他拍照的方向望过去。我又一次看到了那个胖胖的身影，依旧是明轩，他正在拖地。待我看时，已经有好大一块地面被他拖得干干净净了。

学以致用的轩也如"落花生"般美丽。

社会越发展，德育越重要。学校教育的真正意义不止于帮助学生获得知识与学习技能，其更高的价值则在于提高学生的综合素质，帮助学生形成健全的人格，培养学生鉴赏美、创造美的能力。作为一位语文教师，我们要在语文教学中落实育人功能，既让学生"成才"，又让学生"成人"，这也是我们每位教育者的职责和需要努力的方向。

因材施教

今天上午，我去听一年级的公开课。

老师正在讲课，教室里突然传来"哦——"的声音。这声音很大，以至于坐在教师后排的我都能清晰地辨出声音传来的方向。

起初，我以为是班上学生在听到学习任务时故意"起哄"发出的声音，心想这孩子也太调皮了，竟敢公然捣乱。还没等多长时间，又传来了比之前"哦——"的声音更大更尖的怪声。我诧异极了，因为怪声很大，又因为老师的"无动于衷"。就在我纳闷时，坐在我后排的两位老师低语："冒怪声的是一个有问题的孩子。"我好奇地转身轻问："是哪个孩子？"同事用手指了指坐在第一排穿蓝衣服的男孩。

之后的听课中，我几次站起来关注那个男孩。他一会儿手拿铅笔敲打着书本，一会儿望着黑板，一会儿扭头望望周围的同学。偶尔也会在凳子上扭来扭去，把铅笔尖插进橡皮擦，回头望着站起来发言的同学嬉笑。看到"开火车"读词语的同学读不出词语时，他自言自语着："火车断了。"读词教学环节结束后，老师让同学们标注自然段序号。其间，老师走向那个男孩，弯下腰，对他说着什么，之后就看到那个男孩拿着笔趴在桌上，远远地从晃动的笔杆能猜测到他在写字。我猜想：一定是老师让他抄写书中那些生字。再后来可能是他完成了老师留的作业，他坐在桌前，时而摆弄铅笔，时而咬着笔头……

课间时，我走近那男孩，看了看他的书。当我打开他书页时很惊喜，原来他的字写得很棒。我说："这字是你写的？写得好认真！"他点了点头，显得有些不好意思。我指着他写的"河""他""也""地"等字问他："你认识这些字吗？"他都一一摇头。我没有了继续要问的打算。可他说话了："'哥哥'我认识。"说着用手指向"哥哥"两个字。我将书翻到其他页，指着很多的字或词又让他认,他却认不出几个,但指到动物方面的词语时,他能认出,如"小青蛙",再如"飞鸟"。

像这样的孩子,凡是做过老师的总会遇到。十根手指都有长短、胖瘦,何况是孩子们呢!我们所遇到的每一个特殊儿童,他们都是家庭的希望,和其他孩子一样将来也要步入社会。为了给他们的父母、社会解决后顾之忧,作为教师应该给予这些孩子更多的关爱,帮助他们树立自强不息的精神,尽最大的可能激发他们的优势潜能,使他们成为自食其力的劳动者,这应该是对生命最好的尊重。

班会课怎样上

班会课是学校德育的阵地前沿，是教师演绎教育智慧、展示魅力的舞台，也是学生发展个性、健全身心的重要平台。作为一位班主任，上好班会课是有效管理班级的途径之一。为了积极迎战兰州市教育局组织的班主任基本功比赛，我所在区教育局也举行了班主任基本功比赛，此次比赛活动由我工作室和另外两个名班主任工作室共同协办。我全程参与了班会比赛活动，既看到了此次班会课中的诸多亮点，也发现了班会赛课活动中的不足。

如不能及时关注活动中的生成。个别班会课只是在走环节、赶时间，对于课堂上的临时生成不予理睬。有一位老师在上"感恩"主题班会课时，课堂上的一个小女孩一直在哭泣，老师几次经过这个女孩身旁也没有关注她。当老师让孩子们在便签条上写下自己对父母要说的话时，女孩快速写完后将便签条粘在了桌角最显眼的位置，显然是要让老师看到，但老师依然没有关注。课下我走近那个孩子，看到了她写的内容——*妈妈，虽然我失去了爸爸，但是还有您在。您不用总是担心我，每天早点睡觉。祝您天天开心，笑口常开！*我摸摸她的脸说："孩子，你学会了面对，你很坚强！好样的！"这孩子眼中挂着泪水离开了教室。课堂上的生成是很难得的，如果教师抓住这一契机，既能鼓励这个女孩勇敢面对生活，也能让其他学生体会到有父母陪伴是多么幸福的一件事，这就是感恩。

再如，班会素材不新颖。本次比赛中，有很多班会课选取了"感恩"主题，相同的主题导致很多老师选取了相同的素材——《感恩的心》的手语歌节节都有，而且都让学生站起来边唱边做手语。上课的老师们不约而同地想到了用这个手语歌将班会课推向高潮，但其实这一环节对于孩子们内心的触动很小很小。与其都唱这首歌，不如轻放背景音乐，深情讲述这首歌背后的故事。

这次班会课比赛也引发了我的一些思考——

首先，班会课是"会"，不是"课"。班会和队会都是会，是研讨会、交流会。既然是"会"，就不能由老师用上课讲授的方式完成，应多一些活动、情境创设、角色扮演、交流讨论，少一些提问、说教；充分发挥学生的主体作用，让他们策划主题班会的内容、形式等；在召开班会时充分相信学生、依靠学生、指导学生，真正让学生做班会课的主人。

其次，不"满堂灌"，也不"旁观"。班会课上，班主任不能"满堂灌"，即站在台前抛出一个又一个的问题，再解决一个又一个的问题；也不能一直站在角落里做观众，而是在召开班会课前，班主任要做好总设计、总策划、总导演，班会课上，班主任要适时介入活动中，进行引导、点评，充分体现教师的主导作用，展现新型的师生关系。

再次，关键在"引"，不在"教"。班会课是班主任对学生进行思想教育的一个重要途径。开好主题班会能充分发挥班集体的智慧和力量，让个人在集体活动中受教育、受熏陶，从而提高综合素质。如果组织得好，对转化学生思想和形成良好班风都有不可估量的作用。班会课上，如果班主任只是一味地说教，用"你应该""你要""你必须"要求学生去做到，班会效果自然不明显；如果能使用形式多样的素材或是各种活动引导学生思考、体验、感悟、展示，定能激起孩子们内心的涟漪，从而内化于心，外现于行动。

最后，重学生自我升华，不重教师概括总结。班会课的结束部分应该是学生借助自己的内省、同学的回馈、教师的建议重建自己的认知体系。因此，这个环节不是单纯的教师概括总结，应该让学生也参与进来，如果发现学生的内省与同学的回馈氛围更好、力量更大，教师也可以不必概括总结。

一节效果好的主题班会活动能促进学生对人生、社会、家庭、学校以及个人生活中各种问题的思考。班主任如果利用好这种集体教育的方式，能促进师生之间、学生之间、父母与子女之间的相互影响，能行之有效地解决现在、未来需要面对的一些带有普遍性的热点、难点问题。对于班会课究竟怎样上效果更明显，还需每位班主任用心思考、精心设计、耐心引导和真心付出。

第三章

03 智慧管理

摞板凳

今天早上一进学校，学校保洁员告诉我说班上的两个孩子（一个个子小且胖乎乎的男孩，还有一个女孩）将图书角放的塑料凳子一个一个摞起来，躲在凳子后面玩，看上去很危险，希望我给孩子们说说。听保洁员这么一说，我就猜到了是哪个男孩。

到了教室后，孩子们正在班长的组织下整整齐齐地读书。我走到那个胖乎乎的男孩身旁说："请你到楼道来！"那个男孩站起来很纳闷地看着我，看我一脸严肃的样子，就慢悠悠地走出了教室。

我问他："你早上干什么了？"他说："没干什么！"我又问了一遍："你早上干了什么？"他小声地说："我在图书架那儿玩凳子。""还有谁？""刘××。"我让这个男孩走进教室站在了讲台上，并让刘××也站在讲台上。其余学生一脸茫然地看看我，又看看讲台上的两名学生。

我并没有向全班同学解释为什么要让这两名学生站在讲台上，就先问那个女孩："早上干了什么？"那女孩只是望着我，一言不发。我又追问了一遍，那个女孩依然默不作声。我一下就来气了，心想这也太拗了。于是转向那个男孩，问道："早上你干了什么？"那个男孩倒是挺配合我的，简明扼要地说了摞板凳一事。

接下来，我又一一追问："摞板凳之前你是怎么想的？和谁一起摞板凳？在哪里摞板凳的？怎么摞板凳的？""摞板凳的时候谁来了，说了什么？""你心里怎么想的？""回到教室后，老师怎么说的？怎么做的？""你是怎么说的……"在追问的过程中，只要这个男孩表达不清楚，我都会引导他将过程说清楚。这样做的目的并不只是想了解事情的详细过程，还想让这个孩子学会完整的表达，同时也想启迪孩子们将生活中的小事积累下来，形成作文素材，便于以后写作文。问完后，我对这个男孩一本正经地说："将这件事的过程写下来交给我，就算原谅你了。"那个男孩使劲点了点头跑下去了。

　　我开始了这节课的复习任务——默写"读读背背"。站在一旁的女孩见我不理她，赶紧开口说："老师，我错了！"我扭头看着她，假装生气地说："给你两次机会，你都不说，现在机会没有了。"说着，我继续巡视学生们默写，等学生默写完后，我收取了默写单并开始批阅。那个女孩又凑近我说："老师，我错了！"我边批默写边说："我拿什么理由原谅你？"女孩没说话。我继续批阅。这时其他学生中传来了一句小小的声音："原谅刘××吧！"尽管声音很小，但还是被我听到了。我接着话音说："原谅？你们用什么理由说服我原谅她？"

　　一个女孩站起来说："老师，我想请您原谅她，因为一年级时有一次我摔倒了，是刘××和王××跑过来把我扶起来的。"

　　"哦，这个理由可以考虑。"

　　又有一名学生站了起来说："老师，我也想请您原谅她。因为她自担任劳动委员以来，每天都帮着值日生搞卫生。"

　　"哦，这个理由也可以考虑。"

　　又有一名男生站起来说："老师，刘××的太极打得好！为了不影响我们班集体参加打太极时的成绩，她一遍遍、手把手地教不会打太极的同学，直到学会为止！"

　　一名小个子女生大声地喊着："老师，她特别能吃苦，武术训练中，她练得最认真。每次看到她汗流浃背仍坚持练习时，我真的很佩服她。"

　　"哦，她有这么多的优点，那就原谅她了！"其实，孩子们说的这些我都知道，也早就想让她下去了。故意来这么一段，是要让她和全班孩子都意识到"人非圣贤，孰能无过"的道理，任何人都有可能犯错，但犯了错误后的态度很重要，不主动承认错误是要受到相应惩罚的。

　　…… ……

　　听写继续，批阅继续。教室里一切照旧了，我暗自窃喜！

　　这件事的处理过程对于所有孩子来说都是刻骨铭心的。对于犯错的孩子来说，他们绝对不会再去胡乱摆弄楼道内摆放的用来看书的凳子；对于没有犯错的学生来说，他们一定会以此为戒，不随意做不该做的事；对于犯了错不主动承认错误的孩子来说，也是一次警醒，有错就改依旧是好孩子，如果知错不改就是错上加错；对于当事人刘××来说，她一定会记住这件事，会感激同学们对她的认可与宽容，也能激励其他同学平时多做一些对他人有帮助的事情。

其实，这件事的背后还能让孩子们意识到敢于担当是一种责任。责任感是个性心理的主要品质，是一个人对其所属全体的共同活动、行为规范以及他所承担的任务的自觉态度。一个社会不仅需要大批的专门人才，更需要兼具社会责任感的人才，从小在孩子们心中播撒责任的种子，有益于孩子们的健康成长。

锁子丢了

那天，我是最后一个离开教室的，因第二天要考试，为了让别的班考试的孩子提前几分钟进入考场，我有意识地没有锁门，只是将锁子挂在了门上。意外的是当我半小时后再次经过我班教室门时，竟发现锁子不翼而飞了。在教室桌上、讲桌上找了一圈未发现锁子后，我草率地断定是被谁"偷"走了。

第二天早上，我找负责监控的老师调取监控记录——昨天放学后的一幕幕重现。先是有两个小女孩到过教室，但从她俩转身的录像中看到不是她俩。后来，又有我班女孩夏同学和一个高年级的女孩（学校一老师的女儿，她们两家是邻居）有说有笑地到过我们班，但我断定她俩不会拿锁子。之后的监控中便再没有任何人到过我班教室门口。可锁子究竟到哪里去了？

当天是期末考试，所有班级都要分班考试，我带着疑问走进我班的另外一个考场，看到夏时，想起了监控中后来出现的她和那个女孩，我抱着试试看的态度，随口问道："锁子呢？"她先是怔了一下，而后吞吞吐吐地说："我放在教室的角落里了。""我昨晚在教室里找遍了没有看到，跟我去找找！"她走出教室，我跟在她后面。走进我们班教室时，她径直走向窗户边的暖气，蹲下身子，在暖气片下面摸着，等她再转身时，手里拿着的正是那把锁子。因为马上要考试了，我没有询问她为什么要这样做，但在我心里早已武断地认为她是有意识地将锁子藏了起来。

一天在和学校同事（丢锁子那天和夏同时在录像中出现的那个女孩的妈妈）聊天时说起了这个孩子调皮捣蛋藏锁子的事，事后这位同事又将事情的经过告诉了夏的妈妈。晚上我接到了夏妈妈打来的电话，方知事情的缘由是夏看到锁子挂在门上后因担心其他班调皮的孩子拿走我班的锁子而藏在了教室暖气片下面。

接完那个电话后，我很内疚。令我内疚的是因没有及时沟通，也没有给夏解释的机会，导致我误会了她；更令我内疚的是我毫无他虑的独断，将孩子为班级着想的纯真做法视为"恶作剧"。自那以后，这件事时刻提醒着我，及时沟通很必要，也很重要！

在班级管理过程中，时常会遇到一些突发事件。很多时候，班主任会因很忙而草草地解决班上发生的事情或是孩子们之间的矛盾。殊不知，如果不了解事情原委就断言会错判或误判，也会带给孩子们心灵的伤害。作为班主任，要想做好工作，耐心倾听、及时沟通尤为重要，而且在和学生、家长交流时，若能语速慢一些、声音柔一些、态度好一些，不仅能减少师生间、家校间的误解，还能减少不知不觉中给孩子们造成的伤害。

我也"难缠"一回

　　　　天早读时，我让学生先认真读一遍课文。学生们两手拿书，稍稍向前倾斜着将书放在桌上，眼睛盯着课文中的语句大声地朗读。我的目光又一次被那个小女孩吸引了，她端坐在座位上，同其他学生一样两手拿着书，一样稍向前倾斜，但不一样的是眼神。她那双又黑又亮的眼睛正不时地东张西望——这种上课状态对于她来说是司空见惯的。我看了她一眼，她有所察觉地动动嘴唇，假装读书状，并将游离的眼神挪到了书本上。一秒，两秒，第三秒时眼睛又弃课本而去了——继续左顾右盼。以往，我用眼神提醒或口头提醒她已有过多次，可每次都只能暂时奏效。而且，班上装样子读书的学生还有那么几个。看来有必要来一次"小题大做"之举了，我装出一副很生气的样子，准备好了下一刻要说的话。

　　等全班同学读完课文后，我生气地说："珊，你是不是特别不愿意读书？请先到教室后面休息休息吧！"这个女孩先是愣了一下，接着欲言又止，最后极不情愿地向教室后面走去。

　　我又引领学生读了两遍课文后，说："现在听写！"

　　学生们快速掏本子、翻本子、拿铅笔。

　　"老师，我错了！"站在后面的珊说话了。

　　我装作没听见，故意提高嗓门问道："同学们，准备好了吗？"其实就是说给那个女孩听的，因为听写词语后我要批阅，出错的词语要改错，没有参加听写的要抄写全部词语。

　　"准备好了！"

　　"庄严""国旗"……我开始听写词语了。

　　"李老师，给我一次机会！"

我没有理会，依旧听写词语。

那个女孩急得哭了，说："老师，您再给我一次机会！"

我转身继续假装很生气的样子，对她说："我暗示你多次了，已经给你机会了！"

"李老师，求您再给我一次机会，好不好？"

这个女孩边哭边说，还小步向座位方向移动——在她看来，老师这会儿一定会原谅她的。

哪知"难缠"的我不仅没有妥协，还提了一个新的条件："不行！除非有同学替你求情。"

她收回了向座位迈近的脚，手足无措地望着同学们。

庆幸的是还真有学生让我"下台"。一名后排的男同学站了起来，说："老师，我替她向您求情，请给她一次机会，相信她以后上课会严格要求自己的。"我痛快地说："好吧！请回座位！"

女孩不住地向那个男孩说"谢谢"后，边向座位走边说："谢谢李老师。"

我继续听写词语……

也正是我那次的"难缠"彻底地改变了这个女孩。自那以后，她上课时不再东张西望了，还能认真听讲、积极发言，后来因学习上进，语文成绩优异，成为语文科代表。

机会，人人都会遇到，但只有难得的机会才会使人倍加珍惜。如果我那天轻易就将原谅的机会给这个女孩的话，她绝不会把读书时东张西望认识成一种错误，也绝不会珍惜老师轻易就给她的改正错误的机会，更不会有此后上课时专心致志、积极上进的表现。所以，对于孩子们所犯的错误，不能一味地让步，在一定范围内需要用罚站、罚抄等方式严厉对待。这样不仅做到了惩戒孩子，让其明白有可为有不可为，而且还能让孩子深刻记住自己所犯的错误，避免下次类似错误的发生，同时也有利于规范孩子的行为，培养出知错能改、明白事理的优秀孩子。

愿望卡

为了进一步抓好班风，激励学生奋发向上，我亲手制作了"愿望卡"——其实就是一张用彩色卡纸剪好的心形图片，上面写有"奖"和"愿望卡"字样，下面写着"防伪电话"字样及电话号码。持有这张"愿望卡"的学生，可以请老师、家长、同学满足他的一个小愿望，这也正是"愿望卡"的魅力所在。可别小瞧了这"愿望卡"，它在满足学生小愿望的同时帮了我不少忙呢！

一天下午放学后，我刚走出教室，就听到了严厉的指责声："怎么踢的？眼睛在哪？"我回头看时，发现被训的是我班的两个男孩，看到其中一个男孩怀里抱的足球，我明白了：肯定是他俩把足球踢到那位女老师身上了。

我走上前，向那位老师道歉后，转身看了看他俩，一句话也未说，只是将一个男孩手中抱着的足球拿到了办公室。他俩意识到我生气了。不一会儿，方才踢球的其中一个男孩走进办公室，怯生生地说："老师，我想用我的'愿望卡'换回王浩明的足球？"听他说完后，我很吃惊，因为这个男孩的"愿望卡"是今天早上因考试成绩优异才得到的。"那么难得的愿望卡，你真愿意用它换回足球？""嗯！"他使劲点着头。"哦！既然你愿意，那就换吧！不过以后再不能在楼道踢球了，让足球滚动在宽敞的操场上吧！"接过足球的那一刻，他诚恳地说了声"谢谢"，还深深地向我鞠了一躬……

之后的一天，我批学生的单元考试作文《感谢＿＿＿＿》时，看到了一篇题为《感谢老师》的作文。文中有这样几句话——"老师，当我告诉您要用愿望卡换足球时，您不但不批评我，反而委婉地教育了我。老师，我知道我们做错了，不该让足球滚动在楼道。感谢您的教导，我们知道了足球的身影应该在操场上。谢谢您，敬爱的李老师！"这名学生在作文中详细地写了用"愿望卡"换取足球一事。那一刻，我既欣喜又幸福。对犯错的学生，没有刻意批评教育，却能看到他的悔改和对我的感激。作为一位班主任，这种小成功后的感觉多么值得享受啊！

自那以后，我开始留心班上学生的一举一动：有学生发言特别积极时，有学生获得竞赛奖项时，有学生考试成绩进步明显时，有学生得到副科老师表扬时，有学生拾金不昧时，有学生乐于助人时……我都会奖一张"愿望卡"。

自制作"愿望卡"以来，班上好多学生又有了一些进步：有的学生学会了感恩——"妈妈，请您满足我为您过生日的愿望"；有的学生学会了谦虚——"××同学，我想请你帮我修改一下作文"；有的学生学会了宽容——"××同学，我错了，不该出手打你，我想用我的'愿望卡'与你和好如初"；有的学生学会了理解——"爸爸，我错了！不该那样大声顶撞您！愿这张'愿望卡'能换取您对我的原谅"；有的学生学会了自觉——"妈妈，我不该偷懒不写作业，我用'愿望卡'请求您别再生我的气了"；有的学生学会了满足——"今天我用'愿望卡'买了一个娃娃型的电风扇，我觉得很快乐也很满足。一整天我都特别快乐，特别幸福！愿望卡，谢谢你！李老师，也谢谢您给了我一个小小的'权力'！"……

一张张廉价的"愿望卡"，满足的是学生一个个小小的愿望，但真正受益的是我，因为它促成了我作为班主任的许许多多的愿望！愿我的孩子们能在"愿望卡"的陪伴下越来越懂事，越来越优秀！

"凉"我没商量

有一段时间，学校将每周一次的班会课调整为星期一早上的第一节课。还记得2014年1月6日早上升完旗后，我本想挤占班会课时间听写词语，迎接1月7日进行的期末考试。但当我准备好课本站在教室门口的时候，我发现早已有学生站在讲台上了，他们完全不理会我，自顾自地讲着他要讲的内容。

和往常一样，这是我班学生在开班会。我见学生个个认真倾听，实在不好意思打断他们，只好退回了办公室。在办公室忙了一些其他事情后，还不见班长来叫我上课。我有些着急了，又一次夹着书本站在教室门口，结果依旧如之前一样——无人理睬。好不容易等到一名组长总结完了，没想到她紧接着就来了一句："下面请我们组的张岩同学上来总结。"我无趣得只好再次退回办公室。眼看着一节课只剩15分钟了，我实在有些着急了，便再一次站到教室门口。主持班会的班长秦梓涵同学只是看了看我，依然请同学上来总结上周的表现。我只得打断她说："这名同学总结完了来叫我。"就这样，我总算走进了教室，但当我刚听写了一个词语后，下课铃声就响了。

一节课，就这样在一年级全班同学的轮流总结下结束了。不光这一次，我班每周星期一的第一节课都是这样的。虽然孩子们很小，但他们一样能行，这样的结果是我早早放手的功劳。到现在我还清楚地记得第一次让学生自主开班会时，上台学生一脸怯生生的样子，而且个个欲言又止。并不是他们不想说，而是不知道说什么。印象最深的是班长秦梓涵的成长，第一次上台总结全班同学的学习及生活情况时她支支吾吾，不知说什么好。我一句一句地引导着她说完了那天的总结。会后，我告诉全班学生："从下周开始，每周星期一的班会课上，班长、学习委员、劳动委员、组长、组员代表等都要上台总结班级、组内或是自己在学习、卫生、纪律等方面的情况。"没想到，我的这一决定竟然使班长秦梓涵同学郁闷得连周末都没有过好。她家长打电话告诉我，孩子一直在他们面前念叨："该怎么办，星期一说什么，怎么说同学的缺点……"也许很多要上台的学生都有这样的想法，但我没有就此妥协。

星期一早上，我依旧要求学生上台总结。在学生总结之前，我做了这样的引导："我们每个人身上都有缺点，但有些缺点自己意识不到，别人指出我们的缺点是在帮助我们，我们不光不能记恨他们，还要感激他们。"之后，我让学生一一上台总结，虽然他们的话语不长，但比起第一次上台已经有了很大的进步。就这样，我将学生自己召开班会课一直坚持了下来。正因为这样，我才有了1月6日星期一早上第一节课被学生"凉"在门外的"遭遇"。

令我欣喜的是我的学生正在一天天地成长。2013年的元旦联欢会，我和我班的副班主任李璐老师只是观众，主持人是班长和劳动委员，节目全是学生自发准备的。那一年，孩子们才上一年级。我坚信：放心能激励孩子们在今后的成长中取得更大的进步。

作为班主任，只要我们端正自己的工作态度，一切都以提升孩子的各种能力为出发点，真诚地为孩子的健康成长而付出，那么，班级管理水平就一定能在不断磨炼中得到提升。

班干部的培养

得力的班干部是我班级管理工作中的左右手。有了他们的协助，我的工作就相对轻松得多。不过班干部的培养不是一朝一夕就能完成的，得花时间，得需方法。

我有四次从一年级带班的经历，我觉得一、二年级是培养班干部的最佳时期。一、二年级学生年龄尚小，管理班级时不会顾虑太多，能一视同仁，敢作敢当。而我要做的就是"扶"，教会班干部怎样组织学生站队、怎样收发作业、怎样组织学生早读等。另外，要时常留心班干部的一举一动并及时规范他们的行为，使他们知道什么时候该干什么，尽可能帮班干部树立威信。等学生上到三年级时采用"半扶半放"式，我有意识地放手让学生干一些班级管理中的事，如组织早读、组织班队会、主持竞赛活动等。到四年级以后，我就彻底"放"手了，因为班干部的威信已经形成，有班干部在就如同老师在。

上学期复习那段时间，我有时会因学校临时开会无法按时进教室上课，但当我推门走进教室时，总能看到教室内井然有序的样子：有时是班长在组织听写；有时是学习委员在组织讨论有争议的问题；有时是学生在黑板上讲解易出错的字；有时也能从门外听到大声说话的声音，而且我进门后音量依然不减，这是我班学生在合作复习，你问一句，我答一句，这样的协作意识极大地提升了全班学生的凝聚力。

每周的班会课上，由班长、学习委员、劳动委员、各组组长以及组内代表——发言总结上周纪律、卫生、学习方面的优缺点。每到这时候，我都只是在一旁静静聆听的观众。每一名学生的总结都有特点，每一名学生的发言都很精彩。记得一次班上有一名组长总结时，哽咽着说："我们组的小煦同学每天早上都来得比较晚，所以我们组的作业交得很迟，我要向老师表示道歉。"我听后这样说："我不接受你的道歉。"继而转向全班同学说："因为她没有错！她在为组内同学不按时交作业而责怪自己没有做好督促工作。"顿时，教室里鸦雀无声。从他们的表情中可以看出很多学生都在自我检讨，尤其是那个叫小煦的孩子，他先是低着头，尔后站起来说："组长，对不起！以后我会早早交作业的！"

还记得由班干部主持的一次"祖国在我心中"的主题队会。学生们用各种形式表达了"爱国"的心声。四个女孩表演的舞蹈"队旗飘飘"中那一面面鲜红的队旗伴随着激昂的旋律在教室上空挥舞，挥出了他们强有力的声音，那声音就是"祖国在我心中"；班上那个胆小且瘦小的男孩×力又一次带给了我惊喜，他给大家读了一篇刘胡兰的故事，那个故事很长，可他竟然在全班同学面前流利地读了下来；歌曲《我的中国心》令全体同学心潮澎湃；悦悦和强强表演的相声让同学们在笑声中明白了"爱国不是口号，不是砸日系车，而是好好工作，好好学习"；结束时的一曲《学习歌》呼吁了全体学生要活到老、学到老。整场活动中的节目全都是学生自己编排的。我为学生有这样的组织能力和潜力而欣慰，正因为这些班干部的大力配合与有效协助，使得我在班主任工作方面取得了一些成绩。

成就学生的同时，也成就了我自己，我得感谢我的学生们！

逐级管理制

班主任工作不仅繁忙，还具有琐碎性、挑战性、随时性，因此，班主任不仅要能吃苦耐劳，还要极具智慧。为了减轻繁重的工作量，提升学生自主管理的意识，我在班级管理中尝试了逐级管理模式。

记得有一天下午，我刚到学校，班上一名同学急匆匆地跑来说："老师，我们班睿同学和二年级学生在操场上打架。"我在操场找到了这名学生，看到两个孩子都没有受伤，便对睿同学说了一句："我们班不需要爱打架的孩子，你找找哪个班爱打架的孩子多，就到他们班去上课。"睿一听大哭起来，边哭边说："我不去！"我没有理会，扭头就走。那个男孩哭得更厉害了。于是，我回头对站在一旁的劳动委员说："你去问问他，以后该怎样做？"之后，我听到了劳动委员劝说那个男孩不要打架的话语，也听到了那个打架孩子做保证的话语。

在班级管理中，我按照班干部的分工，把班内事务安排给每个班干部，由班干部逐层执行班级管理工作。班内学生有事先找小组长解决，小组长解决不了的找大组长，大组长解决不了的找副班长，副班长解决不了的找班长，班长也解决不了的再找班主任。在这种逐层管理的模式下，大多数学生有了自我管理的意识，因为每个学生的一言一行、一举一动都会影响到小组的成绩、荣誉。久而久之，学生便有了自我管理的基本能力，有了自我管理，自主管理便会水到渠成。学会自主管理的学生会从自律前提下的自信走向自主，从自主走向自立，从自立走向自强，最终从自强走向自如，这也正是追求成功的班主任所期许的目标。

关于班干部的培养，班主任既要能慧眼识才，准确选拔班干部；也要能知人善用，合理安排班干部；还要能科学指导，精心培育班干部。

做纠察的男孩

我所带的班上有一个胖胖的小男孩，这孩子品行好，懂礼貌，爱劳动，关心同学，尊敬老师，是情商极高的小暖男。美中不足的是他特别调皮，课上课下都不安分，只要说起他，学校老师可谓无人不知、无人不晓。在校时被批评对他来说是家常便饭，可他依旧管不住自己。

一天上课间操时，他又一次因捣乱被我班副班主任领到了操场边。可能是因为过往同学都看他，也可能是多次被领出来不好意思，他不住地将上衣角卷起又放下，再卷起再放下。那一刻，他最需要的是找个台阶下。我走向他，他不好意思地看了看我，又把头埋得低低地。我本来是想和以往一样再批评他几句的，想到多次的批评没有一点效果后，我灵机一动，指着不远处几个不认真做操的孩子说："你看，做操时和你一样爱捣乱的孩子还有很多，我安排你做二年级的纠察，负责管理好那些捣乱的孩子。"他点头答应了。

我从学校借了纠察袖章，第二天他戴着纠察袖章上岗了。从那天起，他连走路的姿势都变了，不再左摇右晃。每天课间操时，他来回穿梭在操场上，哪名同学不认真做操，他会督促；哪名同学在队伍中站歪了，他会提醒；哪名同学跑步捣乱了，他会制止；哪名同学跑步摔倒了，他会扶起……正是在管理别人的过程中，他分清了什么是对、什么是错、什么事该做、什么事不该做。于是，他依照着自己管理他人的要求一点一滴地改变着自己的言行。

苏霍姆林斯基说："只有能激发学生进行自我教育的教育才是真正的教育。"学生的自育能力一旦形成，不仅在校期间受益匪浅，将来步入社会也能抵制不良风气的侵袭，可以做到自我净化，成为一个有利于社会的合格人才。

班级文化建设

班级文化是师生共同创造的精神财富，是校园文化的重要组成部分，也是形成班级凝聚力和良好班风的载体。班级文化建设大致可以分为静态文化建设和动态文化建设。静态文化建设包括桌椅的摆放、墙面的布置、黑板的利用等，它不仅体现了班级的精神面貌，而且直接影响到学生的身心健康。要让班级文化发挥好育人作用，就要利用好教室的每一个空间，精心布置，使其既温馨舒适，又催人进取。班级动态文化建设包括学生自主管理、参加社会实践活动、开展特色主题班会、经典诵读，以及创办班级小报、诗集、作文集、成长册等。它能有效地调动学生的学习与实践兴趣，更重要的是还能启迪学生的智慧，陶冶学生的情操，使班级充满昂扬向上、活力四射、积极进取的文化氛围。

接下来，说说我的班级建设文化中的动态文化建设之一本诗集《小荷尖尖》。

2015年6月4日早上，我收到一份带给我惊喜的礼物——诗集初稿《小荷尖尖》，这是我委托昊东妈妈排版装订的班上孩子的一本诗集。

也许有很多老师会很纳闷，二年级的学生会写诗吗？如果不是亲眼所见，我也会和很多老师一样产生疑问。孩子们写的小诗着实令我惊羡，那一首首小诗远远超乎我的预料。凡是看过这本诗集的读者定会和我有同感——很多时候，我们都低估了孩子们的能力，诗集中那一首首充满灵动的小诗足以证明。

这本诗集的诞生纯属"意外"，因为那天没有上新课，一时不知留什么作业，翻看课本时课后选读课中的一首小诗《春的消息》跳入我的眼眶，我决定让孩子们背背这首诗。我印象以前批阅孩子们的写话时看到过×菱和夏两名学生写的小诗，虽然语句稚嫩但充满真情，于是我突发奇想安排孩子们仿照《春的消息》写一首小诗，如果觉得自己写得好可以请家长打印电子稿并发给我。

在留这项作业的时候，我并没有期望孩子们能写多好，也根本没想到有那么多家长能将孩子们写的小诗输成电子版发给我。第二天，当陆续收到家长们发来的一篇篇电子稿小诗时，我很感动，没想到家长会如此支持并配合我的工作。为了将孩子们这份儿时的精彩定格，也为了将这不期而至的成果保存，我决定出一本诗集——《小荷尖尖》。我把这一想法告诉了班上的两位家长，他们表示大力支持并一人负责排版，一人负责印刷，我负责修改稿件和配插图。从孩子们开始写小诗到我修改稿子，再到家长排版印刷一共用了一周的时间，我们班的诗集《小荷尖尖》便问世了。

为了激励孩子们继续写诗，我为诗集写了充满期望的序言——

生活中处处有诗歌，轻叩诗歌的大门，我面前出现了一个美丽的诗的世界《小荷尖尖》。虽然你们还不懂得写诗的技巧，还不太会字斟句酌，但从一句句稚嫩的诗行中，我看到了你们纯真美好的心灵。可爱的孩子们，愿你们走进生活，亲近自然，用朴实的语言和真挚的感情写出最动人的诗篇；愿你们用诗心去观察，去聆听，去感受，在诗歌的海洋中拾起一枚枚五彩缤纷的贝壳，串起一颗颗晶莹剔透的珍珠，让生活充满诗意，让诗歌相伴一生；愿你们永远保留一份童真在心中，如那初生的尖尖小荷一样。

为了感谢各位家长的大力协作与积极配合，我为诗集写了充满感激的后记——

一塘清清池水，尖尖小荷初露，爱意浇灌成长，终有一天，那清清池水中定会"接天莲叶无穷碧，映日荷花别样红"。感谢各位家长能在孩子们成长的道路上一路相伴，感谢各位家长为孩子们的童年增添别样的精彩。二（1）班如同一个荷花池，每一个孩子都像含苞待放的花苞，在他们绽露笑脸的过程中得到了许多家长的鼓励与支持，相信孩子们能在二（1）班这个大家庭浓浓爱意的包围中快乐成长、竞相开放。

因为诗集中收录了每个孩子写的小诗，我又委托昊东妈妈给孩子们每人印制了一本诗集《小荷尖尖》，当孩子和家长们拿到那精美的小诗集时都赞不绝口，自我成就感和集体荣誉感也油然而生。

附诗集《小荷尖尖》中的小诗一首——

眼神

安宁区万里小学二（1）班　珂菱

妈妈的眼神是美丽的，像夜空的星星闪闪发光；
老师的眼神是和蔼的，像冬日的暖阳充满鼓励；
奶奶的眼神是慈祥的，像温暖的春风轻拂脸颊；
同学的眼神是可爱的，像机灵的猴子蹦蹦跳跳；
小草的眼神是绿色的，像清澈的湖水碧波荡漾；
小花的眼神是多彩的，像诱人的糖果芬芳无比。

除了班级诗集外，我班的动态建设文化还有流动日记本、班报《育苗》等，班报每期内容以学生作文、学生活动剪影、绘画作品、家校共育为主要内容。

班级文化是一种隐形课程，具有一种无形的教育力量。学生在具有浓厚文化氛围的环境中学习，定会形成浓郁的和谐风气，在一个积极向上、温馨和睦的环境中生活，定会把班级当成温暖的"家"，体验集体荣誉感和归属感。

重视班级文化建设，为学生营造有序、文明、雅致的班级环境，创造民主和谐、充满活力的班级氛围，是提升班级凝聚力、促进学生身心健康成长的有效策略之一。

将心比心

上午第三节课间时，四（5）班的两名女生到办公室找我，说是我们班的学生把他们教室旁边楼道内的门弄坏了。我让她们找到弄坏门的那名同学并送到我办公室来。不一会儿，我班胖胖轩同学被领了进来。我让他自己说说关于门弄坏的事。轩说："不是我弄坏的，和我穿一样衣服的还有岩呢！"

本想让轩把岩叫到办公室来核实一下，由于下节课是英语课，便让他放学后叫上岩到办公室找我。

中午放学了，他俩没来办公室。因为没见到他俩，我也把这事给忘了。我走到校门口时，看到岩爷爷站在学校门口，这才想起四（5）班学生告状说把门弄坏的事，于是想找这两名同学再问问弄坏门的事。其间一位老师说我们班的学生早都走了，于是我就走向岩爷爷，想问问他有没有见到岩。

我刚一开口，岩爷爷就打断了我的话，气冲冲地说："凭什么一有事就说是我们家孩子，穿迷彩服的如果有20个，20个都要留下吗？……"岩爷爷言辞激烈，几次我都想让他先听我说，但无济于事。

直到这一刻，我才知道岩同学早已通过小英才手机把这件事告知了爷爷，也才知道轩和岩在教室里等我。于是，我让一名学生叫来这两个孩子。岩一五一十地道出了事情的经过。岩的话语也让其爷爷知道了这件事从四（5）班孩子告状到放学，我自始至终没有见到岩本人，也没有跟他俩了解过事情的经过，根本不存在我偏袒谁的问题。岩爷爷这才意识到他误解我了，一个劲地说"对不起"。在他们走之前，我和家长约定下午一起了解并处理两个孩子弄坏门的事。

那天中午我很郁闷，饭没吃好，午觉没睡好，心情糟糕透了，被误解的滋味真不好受。难过之余，我突然想起了之前写过的"锁子丢了"那件事：夏同学怕班上锁子丢了而将其藏在教室暖气片下面，我没有问清事情的缘由想当然地认为是夏同学在搞"恶作剧"。我在想：如果那孩子当时听到我说是她故意把锁子藏起来的，得有多伤心啊！

其实，在每天的工作中，班上总会发生一些突发事件。在遇到学生之间发生的事情时，难免会因其他事情的干扰而草草处理一些事情。其中肯定会因没有了解清楚事情的真相而轻易下结论作出评判，这评判后肯定会有一些未知的误解。想想我被误解后难过的心情，再想想学生，自责感油然而生。

以后，我在处理学生之间的纠纷时，不管多忙，都应认真、耐心地倾听学生讲完事情的经过，这样才能不误解、不冤枉、不伤害每一个孩子，才能不造成学生心灵的创伤，才能把事情处理得妥妥当当。让学生心服口服，才能成为学生心目中公正无私、一视同仁的好班主任、好老师。

身教胜于言教

学生生来就有很强的模仿能力。美国斯坦福大学教授曾做过一个小实验。他让三组儿童分别观察一段影片。

前半段中，是一个成人正在对一个充气的人形玩偶拳打脚踢；但在后半段中，a组儿童看到这个成人受到惩罚，b组儿童看到这个成人受到奖励，c组儿童没有看到这个成人有什么好或坏的结局。

之后，把三组儿童带到一个房间里。房间里有很多玩具，然后让三组孩子自己在房间玩耍。结果，a组儿童对橡皮假人表现粗暴行为的次数最少，其次是c组儿童，至于b组儿童则根本就是铆起劲儿来打。间接学习的过程称为模仿，而模仿的对象就是楷模。

一天课间操时，校长说我们班的区域有垃圾，我赶紧安排学生清理一下。我让负责区域卫生的几个孩子跟我走，那一瞬间我脸上挂满的全是怒气——这些熊孩子肯定早上没有搞区域卫生。

我气呼呼地向我班区域位置走去，边走边责问学生为什么没有搞区域卫生。孩子们一个个像犯了错似的只顾前行，并没有人应答。

到了我班区域位置，眼前看到的一幕令我生气不已——地上落了好多的枯树枝，粗的、细的；长的、短的；大的、小的；还落满了许多黑黑的如毛毛虫般的絮絮；更恼人的是绿草坪中夹杂着许多黄黄的、小小的如新芽状的苞苞……昔日绿绿的人造草坪顿时变得破败不堪，像是走进了一个年久失修、无人打扫的院落。

"怎么会有这些杂物？这是从哪来的？"我气呼呼地问道。

"今天早上就有这些杂物了？"

"为什么不及早向我汇报？"

"李老师，这肯定是从墙外扔进来的，您看，墙头的琉璃瓦都被砸碎了。"皓同学拾起地上的碎瓦块对我说。

我看了看墙头，的确有一处瓦块被砸掉了。再抬头看看墙外挺立的那棵枯树，并没有哪根枝丫有断裂的痕迹。难道真像学生判断的那样——墙那边施工场地的人员将残枝枯叶扔进了一墙之隔的学校？这也太不道德了！更重要的是，扔进这些杂物时万一砸到学生，岂不是太危险了吗？

看到负责这片区域的学生已忙碌起来，有的用笤帚扫，有的用手捡，有的将庞大的粗树枝拖走，有的拿着垃圾桶来回收垃圾……我不再埋怨、旁观，而是和孩子们一起捡垃圾。

我看到草坪附近的一大块水泥地上有很多灰尘，就拿起笤帚扫。峻同学看到了，快步走向我，说："李老师，我来扫！"还没等我开口，他已将我手里的笤帚拿走了。

我又走向别处，和几个孩子一起捡地上的柳树絮絮，但那不计其数、散落满地的"精鬼灵怪"们岂是五六个孩子和我能征服的？

课间操结束了，我将上操的所有孩子叫到操场，一场"征服"人造草坪中夹杂着的枯枝乱絮的"战斗"开始了。

孩子们蹲在地上用小手将一枚枚的絮絮捡起，不一会儿就是满满一把。遵仁同学拿着垃圾箱来回走动，一把把的垃圾被孩子们捡起后放入垃圾桶。

我再次加入捡垃圾的行列中，我和孩子们一样蹲在地上捡夹杂在草坪中的垃圾。垃圾桶中的垃圾越来越多了，地上的垃圾越来越少了。因为还要上课，在回教室前，我叮嘱孩子们下午打扫卫生时再把这里清理清理。

下午我走进校园，看到一个熟悉的背影，他就是早上非要从我手里拿走笤帚的峻同学。他拿着一把拖布，走向我们班的区域。我知道他要去拖区域侧的一块水泥平地。紧随其后走向区域处，看到了更令我感动的一幕，有很多孩子在继续干着早上的活儿……

作为班主任，最好的教育是以身作则——说到不如做到，与其在一旁指指点点，不如实实在在地加入团队一起行动起来。在全班学生的共同努力下，原本落满杂物的人造绿草坪初见昔日风貌。

教育是点燃，不是灌输。班主任用自己的言行给孩子们传递正能量能起到形象且详细的示范作用。任何一个人的模仿能力都要强于其理解、思考和创新能力，所谓"听人说来终觉浅，亲眼所见始知深"，对一位教师来说，说得好不如示范得好。

尝试自主管理模式

从控制生命走向激扬生命，教育依靠的对象是生命本身，而过分的控制生命是传统教育的致命伤。班主任如果完全控制了每名学生，表面上看这个班的班风学风都是最好的，但从学生的长远发展来看，学生的个性多半会荡然无存。

班主任作为班级的主要管理者，千万不能一味地"管"，要学会巧妙地"放"，要让更多的学生学会自我管理。

我2010年8月调入现在任教的学校之前，学校就将郭思乐倡导的生本理念引入管理及教学中。生本教育倡导一切为了孩子，一切为了学生，高度尊重学生，全面依靠学生。我自调入现在的学校后，在教学中积极尝试了以生为本的理念，最大限度地让学生成为课堂的主人，在不断实践的过程中也深受启发。于是逐步将生本理念运用到班级管理中，我将班里的事务安排给每一名学生和每一名班干部。采取班干部逐级执行班级管理的方式，组员有事找小组长解决，小组长解决不了的找大组长解决，大组长解决不了的找副班长解决，副班长解决不了的找班长解决，班长解决不了的找班主任解决。在这种逐级管理的模式下，大多数学生有了自我管理的意识，因为每名学生的一言一行、一举一动都会影响到其他学生效仿。久而久之，班上学生有了自我管理的意识和自我约束的习惯，自主管理便水到渠成了。

我班自主管理的具体做法是全班实行每四人一小组，每组由学生自己推荐一名小组长。小组长管理一份"组员平时表现考评表"，各组小组长每天会依据加、扣分项的具体内容评定组员每天的表现，每周五统计汇总后在周一的班会课上公布结果，对表现好的组员进行表扬，对表现欠佳的组员提出新的希望。之后，全班还会投票评选出最佳小组，由班主任给最佳小组授牌。

自主管理模式提倡人人做管理的主人，人人都要在班级管理中确定自己的岗位，做到人人有岗、岗岗定人。在尝试自主管理模式的过程中，全班学生从自律前提下的自信走向了自主，从自主走向了自立。相信不久后，学生还会从自立走向自强，从自强走向自如；从自立走向自强，最终从自强走向自如。

由一道练习题说起

今天上午做语文配套练习时，有一道练习题要求选择"姿态""姿势"这两个词语填空。其中有一句话是这样的："优雅的姿态是一个人良好素质的外在表现。"孩子们很快就做完了这道题。当看到这个句子时，我脑子里快速闪过的是个别孩子平时我行我素的站姿、坐相、走姿。尽管时常提醒他们注意外在姿态，但收效甚微。我当即决定在这道看似简单的题目中停留片刻，做做文章。

我先是让孩子们把这个句子读三遍。孩子们起先以为我让他们反复读的目的是判断这道题的对错。紧接着，我又让他们读了一篇。这一遍后，孩子们很清楚地明白了这句话要表达的意思。我没有再言语，而是坐在讲桌旁一把椅子上，将两脚搭在椅子下方的隔挡上，不住地抖动着腿。孩子们看到后先是诧异，随后个别学生偷笑，之后我又站起来，两手后背，一腿直立，一腿屈立，又不时抖动屈立的腿。孩子们大笑。接下来，我又仰着头、斜着肩膀、晃动着身体如螃蟹般向教室后方走去。孩子们笑得前仰后合。

我较为夸张的姿态惹得孩子们捧腹大笑。等他们笑过后，我说："这也是姿态。你们觉得我刚才的姿态优雅吗？"

"不——优——雅！"孩子们又是一阵大笑。

"但这不是我的姿态。这是我每天站在讲台上时看到的有些同学的姿态。"孩子们一时不再发笑，而是偷偷挪动脚、移动身体，调整着自己的坐姿。

之后，我让孩子们再次读了这句话，并鼓励他们将这句话背下来并时刻提醒自己注意自己的姿态。

孩子是幼苗，在成长的路上，需要护林员工的不断修剪，多年后才会长成参天大树！我们每天面对的孩子也一样，在他们成长的过程中，总会有这样或那样的问题，需要我们及时提醒并纠正他们身上的缺点，就像护林人员修枝剪叶那样。作为班主任，在教学过程中，也应时刻牢记育人目标，因为德育教育是贯穿教育始终的目标。

有学生走路时左摇右晃，如螃蟹般"横行霸道"；有学生两手背后，一会儿斜靠在墙上，一会儿坐在桌子上；有学生坐在凳子上，将脚搭在凳子下方横挡上，不停地摇晃着；有学生写作业时，整个身体瘫在桌子上，头都抬不起来……这样的姿态渗透的是怎样的素质呢？如果家长都能时时处处关注孩子平时的姿态，孩子们还会养成这种不良习惯吗？

我一直在思考这样一个问题：孩子们在娘胎中成长的过程中，就会接触到来自外界的各种信息——父母的言行、父母所处的环境和父母的举动都会对孩子有潜移默化的影响。但很多年轻的父母在对家庭教育知识一无所知的情况下就做了父母，在我看来，这无异于"无证驾驶"。但在这些年轻父母看来，有了孩子他们就是合格父母了。至于教育孩子，总觉得是一件容易的事情——生下孩子就会教育孩子。可事实却远非这样。很多年轻家长在教育孩子的过程中总是一厢情愿，随心所欲。殊不知，"人之初，性本善"的孩子在不同父母的教育下，在不同环境的影响下成为不同品行的孩子。在进入学校前，孩子有很长时间和家长生活在一起，他们从小接受的教育直接影响孩子进入幼儿园、小学、中学、大学的一举一动。

在校园，老师如同园艺师般一直在修剪，但终究力量有限，因为孩子在校时间远远少于在家的时间。所以要教育好孩子，先要培训好家长。要培训好家长，先要从未做父母的已婚夫妻开始。因为把问题解决在萌芽状态，远比出现问题后想办法解决要有效得多。

怎样教育早恋学生

有一年带五年级学生时，班上有个叫小珍的女孩，她的父母经营了一家火锅店，生意很兴隆，所以家境殷实的她从小衣食无忧。小珍不仅长得甜美可爱，性格也非常开朗，平时总能看到她与班上的小铭一同进出校门。

一天中午，我经过学校附近的老年活动中心时，看到几名学生在打篮球，其中就有我班的几名男生。场外站着一个抱着男孩们衣服的小姑娘。好奇的我定睛看了看，原来是小珍。我知道小珍因父母很忙，所以小珍每天中午都在附近小饭桌吃饭。于是问她为什么没有午休，小珍低着头，不好意思地将手中抱着的衣服放在了旁边的石椅上。其他男孩看见我后，趁着我和小珍说话的空儿，慌忙拿起衣服四散离去。在和小珍闲聊的过程中，我发现她的表情很不自然，始终低着头不敢直视我。我感到很奇怪，但又不好直接问。

下午放学后，我叫来和小珍比较亲近的几名同学了解情况后得知，原来小珍喜欢班上的小铭，中午在小饭桌吃完饭后她经常找各种借口提前离开小饭桌到街上闲逛，凡是小铭在的地方，总有小珍的身影。不仅如此，小珍还常常给小铭买小吃或是送礼物，有一次给小铭送了一块价值50元的手表。

从那以后，我上课时总会留意小珍，当小铭回答问题时，小珍总会偷偷地望望小铭；当小铭上台交流时，小珍总会笑嘻嘻地盯着小铭。从小珍上课时盯着小铭的眼神以及她对待小铭不同于其他男孩的态度中可以看出，小珍对小铭有明显的好感。

我又和其他任课教师进行了沟通，得知小珍这学期退步特别明显——作业中的书写很乱，上课时总是心不在焉，家庭作业也时常写不完。后来又有同学向我反映说小珍每天晚上都会在QQ中和小铭聊天，还说小珍学习退步是因为她"喜欢"上了小铭。

五、六年级的孩子随着第二性征的出现，逐渐有了性成熟迹象，其生理和心理都有了成人化趋势。这个年龄段的孩子开始敏感地看待男女同学间的交往，他们在意异性同学对待自己的一举一动，并逐步转向对个别异性的依恋，形成一对一的行动，即"早恋"。

学生有早恋行为的主观原因如下：一是自控力差，学生的心理发育跟不上身体的发育速度，在对异性产生兴趣时通过表现自己的方式引起别人的注意，但又不知道掌握分寸，不懂得适可而止；二是互相吸引，由于男生豁达、刚健，因此许多女生特别愿意和个别男生谈心，而女性具有温柔体贴的一面，男生在遇到一些情况时也希望得到女生的安慰，长此以往，便有了早恋倾向；三是学生对成人世界盲目向往和追求，以为能恋爱就代表自己已经成熟了，往往忽视了自身心理素质的培养、锻炼和提高。

另外，学生有早恋行为还存在如下一些客观原因。

一是家庭原因，现在很多家庭是独生子女，而且家庭生活也越来越富裕，一应俱全的食物使学生身体过早成熟，尤其是女生，生理上比以前成熟得早。家长为了杜绝孩子早恋，往往采取严厉禁止的态度，不允许孩子有正常的异性交往，封锁一切有关性知识和爱情描写的书刊，导致一些孩子产生了逆反心理。

二是社交范围狭窄。由于独生子女居多，家长过于担心子女的安全，不愿让孩子离开自己的视线，也不会让孩子经常走出家门寻找伙伴，致使孩子们孤单不已。许多父母只是一味地满足孩子的物质需要，却忽视了孩子对爱的渴求，更忽视了对孩子性的引导。一旦有异性对其多一份关心或照顾，久而久之，很容易导致早恋，并从同龄人那里寻求安慰。

三是有些学校、老师也禁止男女生的个别交往，一旦发现任何早恋的蛛丝马迹，便想当然地定性为"早恋"，甚至公开处罚，严重挫伤了学生的自尊心。

四是随着科技的发展，各种网络、视频中经常出现的暧昧画面，在学生心中留下了深刻的印象，他们由追星到模仿，因不会适时克制而最终陷入泥潭。

五是异性间的交往越来越开放。不良书报杂志、低级趣味甚至黄色的电影、录像等也对青少年的早恋有直接影响。

六是通信工具的发达，娱乐场所的增多，为学生提供了许多单独交往的便利条件，如电话、电脑的普及，和网吧、游戏机房的增多等。

早恋不仅不利于学生的身心健康，还会干扰学习、导致犯罪、促成越轨行为、加重经济负担等。作为班主任，若遇到早恋的孩子应该怎么做呢？

一是学会倾听。一位成功的教育者应该具有足够的耐心与宽容，面对有早恋倾向的学生时，把自己当作他们的朋友，乐意听他们诉说，引导他们正确看待与异性之间的关系，真诚地帮助他们解决问题。

二是不要给学生轻易下"早恋"的结论。很多时候，男女生之间的交往只是正常交往，并无恋爱动机。如果教师发现学生确有早恋现象，一定要冷静地对待他们，理解他们的纯洁情感，尊重他们的人格，指出他们恋爱的盲目性，教育他们正确认识早恋对学习和身心带来的危害，帮助他们树立远大的理想。

三是积极开展性知识教育。为了让青春期的孩子更好地健康发展，就要对孩子从小进行相关的性教育，学校和家长都要正视孩子青春期的特点，要主动让孩子得到科学的性教育，消除孩子对性产生的神秘感。

四是家校联系。遇到学生早恋问题，尤其是学校单方面不能有效解决时，教师要积极和家长联系，共同研究并解决好问题。

五是利用社会资源。教师可以引导学生和家长利用社会上的心理咨询等机构解决早恋问题的困扰。

明轩学跳绳

这学期开学第一天见到明轩，明显感觉他比以前瘦了，不知是长高的原因，还是临近寒假前，因明轩平时在校过于贪玩请他妈妈到校沟通起作用了。记得当时我问及明轩有没有其他爱好时，明轩妈妈说他除了爱吃再无任何爱好。难怪他从一年级开始就那么胖，从头到脚看起来都肉嘟嘟的。我建议明轩妈妈假期每天陪着他锻炼锻炼，一是控制体重，二是增强体质，三是减少惰性，四是学会坚持。

这学期他比以前安稳了许多，但写字的速度依旧很慢很慢。我多次关注过他写字，从没见他写字的手在本子上来回挪动，也从没听他写字时笔尖触动纸张发出过沙沙的声音。那胖乎乎的小手竟挪不动那细细的笔杆，基本是一个笔画一秒，所有的字不是写出来的，而是画出来的——曲里拐弯。

这学期，学校要求课间操时每个孩子带一根跳绳，广播操做完后孩子们练习跳绳。还未下课，明轩就偷偷将跳绳拿出来又塞进去。好不容易做完了眼保健操，明轩在楼道站队时就拿出跳绳摆出甩绳的姿势跃跃欲试。走向操场的途中，明轩依旧摆弄着跳绳，总算站到了我班的指定位置。体育老师在整队，其他学生在按照要求调整自己的队形，可明轩全然不顾。我看着实看不下去了，就把明轩叫到队伍最后面，说："你若实在等不到跳绳的时间，先站在我这里跳，看看你能跳几个？"明轩摆好架势起跳了，没想到，他竟连一个也没跳过去。由于胳膊上没劲，甩起的绳子也没有力量，想要那绳子形成圆弧状绕过头顶显得那么难，好不容易绳子绕过头顶了，等到绳子要落地时，他的脚还没抬起来，于是一个也没有完成。

为了让他继续练习跳绳，我对他说能跳两个就算过关。他听后反复练习着，总算能较为顺利地跳过一个了，可连着跳两个又成了挑战。这时，班上一个男孩看得有些着急，他拿起跳绳，边跳边教明轩用手怎么拿绳，两个胳膊怎么摆动，两脚什么时候起跳。终于，明轩连着跳了两个。我和班上的其他孩子都给明轩鼓掌，并给他提出了新的挑战——明天争取跳3个。第二天课间时，他真的完成了3个。

第二天中午放学时，全班都在操场上整队等候，明轩又在队伍中打开跳绳自顾自地跳。其余学生便打报告："老师，明轩又在队伍中跳绳。"

"出列，连跳10个。"我知道他肯定跳不了10个，但明轩照做了。值得高兴的是他很容易就能跳5个了。他边跳我边数数，孩子们也一起数数："1，2，3，重来！1，2，3，4，5，重来！1，2，3……9，继续重来！"就这样，直到他连跳了10个，同学们又一次给明轩送上了热烈的掌声。

短短的两天时间，明轩能连续跳10个，这对明轩来说是个突破。正是我和班上孩子们对明轩有所期许与鼓励，才使得他在一次次努力中超越了自我，获得了成功。相信明轩会在一次次挑战中爱上运动，磨炼意志，增强毅力，也相信明轩在我和全班孩子的关爱与帮助下一定会逐步成长起来的！

可爱的达达

除了上课或是较为正式的场合外，我总喜欢叫孩子们的小名或是去掉姓氏的名字——果果、雅萱、小美……感觉很亲切。班上孩子们也习惯了我这样称呼他们，凡是我说到的小名，他们一听就明白我说的是哪名同学。可能是我经常这样称呼孩子们的原因吧，班上孩子之间也开始叫小名或是绰号了，不过所谓的绰号听起来都很可爱。

来说说班上的"达达"吧！

这周学校要检查语文同步练习作业了。我在检查中发现，个别孩子有些错题没有改，决定晚上放学后留这几个孩子在教室改错。我刚进办公室不久，班上一个女孩就来找我说轩和达达一直在玩，她提醒了好多次，明轩和达达都置之不理。我让女孩去叫他俩到办公室来。女孩走了一会儿又来了，她说："老师，明轩不来，达达来了。"我转身时，看到一矮个男孩儿站在我面前。这孩子平时很乖巧，也很懂事，从不惹是生非，最喜欢踢足球。请他到老师办公室实属罕见，所以他怯生生地望着我一言不发。我看了看他，说："取尺子去！"目的是想用讲桌上放的一把塑料尺吓唬吓唬他，他没听懂我的意思也没有再问就出去了。不一会儿，他又站在了我身旁，说："老师，尺子拿来了。"我扭头一看，忍不住笑了。他拿来的是数学老师上课用的三角尺。我笑着说不是这个尺子，他又一次没多问一句就走出去了。一会儿，数学老师竟告诉我她在楼道看到达达第二次拿来的是圆规不是尺子。我和数学老师又是一阵笑声，只觉得他太可爱了。第三次他又进来了，这回他确实拿来的是尺子，当我看到那把尺子时笑得前仰后合，因为那把尺子也像他一样可爱极了——不足10厘米长。那是一条1米长的塑料尺折断后放在讲桌上的一小截。好一个可爱、单纯的男孩。我说："这么短，能打手心吗，能打疼吗？"我边说边在自己手上敲打着试了试。之后，一手拖着他的手，一手拿着小小的尺子，用可爱的尺子在他手心敲打着，他也觉得可笑，禁不住笑了。我说："再不认真完成作业，就真得找个长尺子了！"他点了点头出去了。

说起尺子，教室里曾经真有过一把戒尺，是一位老师放在教室讲桌上的。并不是真要惩戒孩子们，而是看到孩子们不听话时偶尔拿出来敲敲讲桌吓唬他们的。我虽从未拿那根戒尺敲打过孩子们，但我以为孩子们肯定都知道那戒尺的"威力"，心想只要一提尺子，达达绝对会说："老师，我错了！我赶紧去写作业。"没想到他竟不知我要尺子做什么，好一个单纯、可爱的孩子。达达出去了，我和办公室的老师们笑得不亦乐乎。虽然这个孩子没有写完作业，但我一点儿也不生气。

由这件事，我想到了一提起老师们就毛骨悚然的"体罚"。做教师的都知道，在教育学生时，难免会遇到生气之时，但我从不真正生气或拿起戒尺，有时也真想动手打打孩子们，不为出怨气，只为孩子们能从小就明白"今日不吃苦，明日不幸福"之道理。但是"不能体罚学生"的警钟长鸣，很多老师怕了，面对过于调皮捣蛋、无理取闹、欺人太甚的学生时也只能忍让、妥协了。事实上，教育也需要"教鞭"的存在，尽管这和现今教育主张格格不入，但适当的惩戒既是对恶的阻止和预防，也是对善的保护。惩戒个体，就是保护整体。基于尊重和善意之前提，适时、适度、适当的惩戒是必要的，如罚孩子面壁思过、不准孩子玩自己喜欢的东西等惩戒手段也是可以允许的。不过，惩戒本身不是教育目的，也不是灵丹妙药，解决不了所有问题。一旦误用或滥用，也会产生不容小觑的副作用。

第四章

04 协作共育

我们有个共同的"家"

在网络飞速发展的今天，微信成为继微博后又一新生力量，它不仅具有上传图片、发表文字等功能，还可以用语音传递信息，用视频记录言语行为等。微信作为一种新兴的网络交流手段，不仅丰富了人们的生活，也为班主任更好地与家长沟通搭建了一个有效的平台。

2013年8月，我和51个孩子共同走进了一年级一班，从此以后，我和孩子们共同学习、共同成长。由于是一年级的孩子，每晚都要反复叮嘱家庭作业，即便如此，也依旧有很多孩子记不住作业。班上有位热心的家长提议建了一个微信群，我自然成了家长们邀请进入此微信群的人之一。从此以后，我们班的微信群就热闹起来了，它像"家"一样，因为每晚我们都会在别样的"家"中沟通，而且它还发挥了不小作用呢！

在"家"中座谈

微信平台给我和所有的家长提供了一个随时随地都能召开座谈会的廉价"场所"，我们在群里谈孩子们的学习，谈孩子们作业中的问题，谈孩子们写作业遇到的困惑……有时我不在线，但只要群里有学生或家长询问某个问题，总有一些热心的家长能及时帮忙解决。正所谓"众人拾柴火焰高"，由于群里家长们的热心，使很多家长愿意在群里"晒问题"。"三人行，必有我师焉。"在群内的座谈中，我们每个人都在成长。如有位家长在群内问现阶段的孩子读什么书好，有家长便推荐了几本书，还说她家里有这些书，第二天早上拿几本给这位家长看看。于是，她俩便在群中商量着在哪里取书，最后决定送孩子时把书拿到校门口。第二天早上，当我去上班时，果然在校门口见到了那位手捧几本书的家长。

再如，一天班上，三个孩子课间玩耍时，把其中一个孩子撞到树上，将其耳朵擦破了皮。为了提醒其他孩子，也为了引起家长的重视，我在群中发了这件事的经过——

"各位家长，今天上午课间孩子们玩耍时，明轩推了睿一把，睿和英楠撞在一起又将岩撞到了树上，导致岩耳朵被擦伤。下午，我已问过岩的伤情，幸好孩子现在除了稍有疼痛外没有其他不适，希望各位家长也提醒自己的孩子课间要文明游戏，杜绝追逐打闹事件的发生。"

此信息刚发出去不久，微信群中便有了以下谈话内容——

明轩妈妈：李老师，我知道了，我会给明轩强调这一问题的。岩妈妈，孩子如果有什么不舒服，请您给我打电话1391908××××。

李老师：谢谢明轩妈妈的配合！

明轩妈妈：哎，给老师和别的家长添麻烦了，老师您就多操心，孩子们打闹真是不好看着，让岩受罪了！我一天到晚就担心明轩闯祸不听话，麻烦李老师了。对不起，岩妈妈。

李老师：每次讲安全时，孩子们都知道哪些事能做，哪些事不能做，但玩耍时往往就不考虑危险举动带来的后果。

明轩妈妈：就是，我一定再好好叮嘱他，让他以后管好自己。

昊东妈妈：没事就好。男孩子玩耍都没有轻重。

明轩妈妈：哎，男孩子就是皮得很，总让人有操不完的心。

岩妈妈：刚看到，谢谢李老师的关心。

明轩妈妈：岩妈妈，岩这会儿怎么样，耳朵还疼吗？

岩妈妈：明轩妈妈，我相信明轩不是故意的，只是他们防不住。

浩然妈妈：好有爱的感觉。

明轩妈妈：就是，孩子手里没轻重的，这会儿岩好些了吗？

浩然妈妈：孩子们有时候就是这样的，没事就好了。

明轩妈妈：岩耳朵看着就是皮外伤，他也没说那里不舒服，应该没事。

明轩妈妈：没事就好，不好意思啊！我会好好叮嘱明轩以后多注意的。今晚我没和孩子在一起，刚打电话给他了，他也知道错了，说不是故意的，明天让他给岩打个电话道歉！你给岩说说，对不起啊！

岩妈妈：不要紧了。孩子玩时小心点就行了，不管谁受伤，我们心里都不好受。

明轩妈妈：谢谢岩妈妈的谅解。

岩妈妈：（微笑）。

明轩妈妈：（抱拳）。

李老师：是啊，谁受伤我们都心痛，都不忍心！感谢各位通情达理的家长们！让我们共同关注安全教育，愿我们的孩子都能健康、快乐地成长。

浩然妈妈：谢谢李老师，这么多孩子让您费心了！

英楠妈妈：辛苦了，李老师！

…… ……

这次的"座谈"虽然参与交流的家长只有四位，但看到我们座谈内容的却有90多位，因为我们这个大家庭中的成员除了孩子的爸爸妈妈外，有些孩子的爷爷奶奶也在群内。这样的"座谈"内容对于每个孩子来说都是一次教育、一次警醒；对于每一位家长来说也会引起重视，因为生命诚可贵，他们定会为明轩妈妈的积极配合而点赞，也会为岩妈妈的宽容大度而点赞。班级中这样的正能量越多，家校之间就会越融洽。

这次真诚沟通之后，班上学生课间追逐打闹的现象明显减少了。我猜想定是很多家长在看到微信群中的聊天记录后，以此事件为例积极配合我的工作对孩子们进行了安全教育。

在"家中"分享

学校组织了手抄报比赛活动，由于我班学生年龄小，我选了几个能力稍强的孩子，指导他们学着制作手抄报。其他没有做手抄报的孩子们看到那一张张设计独特的手抄报后羡慕不已，看着他们羡慕的神情，我决定给全班孩子教教怎样做手抄报。我在全班讲了做手抄报的基本要求：先画好边框、设计好版面，再根据版面所留位置的大小选择抄写的文字内容。之后给每个孩子发了一张纸，让他们自选一年中的某个节日作为手抄报的主题，自己设计完成一份手抄报。两天后，收到了孩子们交来的手抄报，结果令我惊喜不已。高兴之余，我想到了与家长一起分享孩子们的成果。我将孩子们的手抄报——拍照后发到微信群中，家长们乐此不疲地翻看着一张张手抄报。不光家长看，班里的孩子们也一定会看；家长也不光是看，还会和孩子一起评价，看看哪名同学的字写得工整，哪名同学的版面设计得好，哪名同学搜集的内容有意思等。在这样的交流中，孩子们也会取长补短，积极进取，努力成为家长们称赞的好孩子。

又如，在学校举行的科技创新小制作活动中，孩子们开动脑筋制作了许多手工作品。为了展示孩子们的劳动成果，也为了鼓励孩子们爱上科技制作，我让他们在做好的科技制作上写上自己的名字，我拍照后发到了微信群，让家长见证孩子们的成长；进行主持人大赛时，将我班孩子参赛的视频发到微信群，让家长领略孩子们精彩展现的瞬间。再如，我将平时书写特别好的作业拍照后发在群内，激励孩子们认真对待书写等。

分享中，家长们不仅看到了其他孩子的优点，还会及时提醒自己的孩子努力前行。孩子们也会因看到自己和其他同学之间的差距，及时改正不足，积极进取。

在"家"中学习

每天晚上浏览班级微信群已成了我和家长不可或缺的一道"晚宴"。我们在家中聊孩子们的学习，如哪个孩子在作业中遇到了难题，便在群中发信息，其他热心的家长则纷纷献计献策，直到有困难的学生回复"已明白，谢谢各位家长"为止。

除了学习书本知识，我们还在群里读到了许多与学习有关的经典文章，如《小学语文二年级至六年级近、反义词大全》为孩子们查找近、反义词提供了便利；《小学语文资料》让孩子们不再为找不到与课文相关的资料而发愁；《联众微课堂》让孩子们依据各自的兴趣选择了喜欢的学习内容；《7个学习小妙招，让孩子发育的蔬菜排行榜》为家长解决了既能让孩子吃好又能均衡营养的难题；《如何改变孩子懒惰磨蹭的坏习惯》为家长们提供了解决孩子写作业磨蹭的妙招……

每晚我也会和家长一样打开微信学习群里的文章，对我帮助最大的是《联众微课堂》。这是人教版小学1—6年级语文教材中每一课的课文朗读录音，包括《字母歌》《三字经》《弟子规》《11个经典幼儿睡前故事》《经典儿歌动画精选》《经典成语故事动画》《汉语词典·百科》等。每晚我都会听第二天要学习的课文录音，以前我朗读水平较差，而且前、后鼻音不准，经过坚持听录音，发音标准多了，真得感谢发来这些有效学习资料的家长。

不光我一个，群里为这样的学习资料点赞的家长数不胜数，可见在微信群中学习，受益的是全班孩子和家长。

在"家"中沟通

有一次，我班召开"家庭经验交流会"，各位家长精彩的发言不仅给所有的家长留下了深刻的印象，更重要的是其他家长也从他们的发言中受到了启发，学到了教育孩子的很多方法。

令我印象深刻的是有一位家长谈到了教育应该注重实践，重视孩子能力的培养，她说孩子们应该适当地走出教室，走进社会，亲身体验什么才是真正的团队合作精神，如可以带领学生去参观图书馆，去医院，去儿童福利院……这位家长最后这样说："不去亲自体验、去做、去看，光给孩子们讲团队合作精神，就是一句空话。我知道做起来很难，但我们必须去做。希望我们二年级一班的同学在李老师的带领下做得更好，同时家长也要配合老师，目的只有一个就是希望孩子们的童年健康快乐。"

家长交流结束后，我在总结中也肯定了这位家长的想法和建议，同时就班主任不敢组织外出活动的种种难处做了解释。当时就有一位家长站出来说，我们可以以家长的名义组织，在座的家长热烈响应，看来独生子女家庭中每个孩子的家长都期待着能有机会带孩子走进社会实践、走进大自然畅游。就在开完家长会的那天晚上，我班的微信群里异常热闹！

有家长提议开展爬山活动，经过大家商议后一致赞同并确定好了爬山地点。这次活动从发出第一条微信通知到开展活动只用了6天时间，共计111人参加，其中孩子47名、家长64名，因为很多家长都是上班族，所以他们利用晚上休息的时间完成了许多工作，而且很多工作都是在微信中聊天决定的！

再如，六一儿童节各班要排节目，我因没有舞蹈天赋，于是在班级群内发了一条"求助"短信——

各位家长，六一要到了，为了让孩子们度过一个难忘的节日，咱们班打算排一个舞蹈节目。如果哪位家长有这方面的特长，能否协助我完成节目编排一事！非常感谢！

当天晚上，我就收到了一位家长打来的电话，她很谦虚地说想试一下。于是，六一的节目便有着落了。

处处留心皆学问，如今微信逐渐成为家校沟通的新模式。我班微信群运行两年多来，不但受到了家长的点赞，更为我的班级管理节约了"成本"。

我班有个微信群，真好！

别样的家长会

每学期开学初，学校都会安排各班召开家长会。每学期的家长会上都是班主任及各任课教师强调各种要求、汇报学生的作业和成绩情况以及与个别学困生的家长沟通等。面对即将迎接的本班学生的第四次家长会，我不想在家长会上再重复以往说过几遍的内容了。于是和班级数学老师商量后将我班二年级第二学期初的家长会改为"家庭教育经验交流会"。

活动之初，我在班级微信群内发了一则消息：

各位家长：

在和孩子们相处的一年半时间里，我看到了很多孩子身上的优点，孩子们的优点和各位家长正确的家庭教育息息相关。为了让更多的孩子受益，我将本学期的家长会定为"家庭教育经验交流会"，请各位家长提前将自己教育孩子的好做法和经验进行总结、整理，在"家庭教育经验交流会"上踊跃发言，让更多的家庭用更有效的家庭教育方式教育孩子，让咱们班的所有孩子都阳光、自信、好学、健康地成长。

起初，我担心家长会上各位家长不愿表达，于是事先安排了几位家长做好发言准备。在家庭教育经验交流会召开之前，我先谈了召开此次经验交流会的目的及意义，并鼓励大家积极发言。之后请各位家长以四人为一小组，在组内进行经验交流。在我不时地激励下，家长们就像回到了学生时代一样积极、主动、兴奋。教室里交流的氛围异常热情、浓厚。全体家长都在交流与倾听的过程中反思、总结、积累。小组交流结束后，各组踊跃派家长代表上台进行交流，而且交流的内容很丰富，既有怎样培养良好习惯的方法，也有如何培养孩子们的团队合作意识的建议；既有阅读习惯的培养妙招，也有怎样和老师沟通的建议；既有静待花开的期盼，也有感恩教育的渗透；既有家长侃侃而谈家庭教育的重要性，也有家长就家校合作谈自己的看法……整场交流会历时两个多小时，但家长们依然兴致盎然。

令我印象深刻的是有一位家长谈到了美国教育。她说美国教育注重实践，重视孩子能力的培养，每到星期五，各年级的学生在学校老师的带领下去参观图书馆，去医院，去儿童福利院……所以这位家长建议，孩子们应该适当地走出教室，走进社会，亲身体验什么才是真正的团队合作精神。这位家长最后这样说——

"不亲自去体验、去做、去看，光给孩子们讲团队合作精神，就是一句空话。我知道做起来很难，但我们必须去做。希望我们二年级一班的同学在李老师的带领下做得更好，同时家长也要积极配合老师的工作，目的只有一个，就是希望孩子们的童年健康快乐。"

这位家长交流完后，我及时肯定了她的想法和建议，同时就班主任不能组织外出活动的种种难处做了解释。当时就有一位家长站起来说，他们可以以家长的名义组织，在座的家长都积极响应。看来独生子女家庭中，每个孩子的家长都期待着能有机会带孩子走进社会实践，走进大自然畅游。其实，我真心希望家长能在家委会的带领下替学校和老师去做这件事——多陪陪孩子，多和孩子们参加一些有益的活动。

正是因为这次交流会，拉近了我和家长之间的距离，也正是这次交流会使得我们班的家长能像一家人一样在群内真诚地交流，于是，我们班便有了一次又一次的家校协作的实践活动。

附：家庭教育经验交流稿两篇

我始终相信孩子

尊敬的各位家长：

大家好！

特别感谢李老师和秦校长对于孩子们的辛苦付出，也要感谢李老师能给予我和各位家长分享、交流的宝贵机会！

首先我想说的是，怡婷在班上肯定不是最优秀的，对她的教育，我们更多的是采取了"散养"的方式，她没有上过幼儿园，也没有上过学前班，她的学前教育都是在家里完成的。从她目前表现出的状态来看，让我感受最深的有以下两个方面内容：

1. 培养阅读习惯，并让其陪伴孩子的一生

怡婷在4岁4个月的时候就能阅读报纸，而我却从未刻意地、单独地教她认过汉字，当时她的举动也令我们全家人都吃惊不已。但事后细细想来，这个结果也就不足为奇了，因为我在她出生满4个月开始便和她一起进行亲子阅读，这件事情一直坚持至今，从未中断。7年多的时间里，从抱在怀里翻书到坐在床边静静听我读书，从我读一段她读一段再到现在她能独立阅读。不光她读，读到精彩处时，她还会还会兴奋地读给我听……在这个过程中，我们除了从书中收获了知识，看到了不一样的世界，更多的是增强了彼此间的亲情和获得了无与伦比的快乐……一个人只要还在读书，那么，他的精神世界就不会坍塌！

2. 成绩不是最重要的，"相信"是有力量的

"不要让你的孩子输在人生的起跑线上"这句话曾经蛊惑了一代中国家长，其实我们仔细想想，人生本就不是一场短跑比赛，根本就不存在"输在起跑线上"这一说，你见过哪个参加马拉松比赛的运动员在比赛时抢跑？！没有！所以我认为，在孩子的成长过程中家长更需要的是"慢"下来，因为今天我们所做的一切都是为孩子一生的发展奠基的。

给大家举一个发生在我孩子身上的真实例子。怡婷刚入学时的拼音测验成绩是这样的：0分—10分—30分—55分—85分—100分，而我对她每一次的成绩是这样说的：0分时——"哦，宝贝，你和小姨（我的表妹）一样，第一次考试也是0分，可是你看小姨现在很好，对吗？所以，没关系的，第一次考试都会紧张、不适应，妈妈理解你，并且相信你一定会越来越好的！"10分时——"哦，宝贝，妈妈真为你感到高兴，才过了一个晚上，你就涨了10分！证明你努力了，妈妈陪你一起继续加油，我相信我的女儿一定没有问题！"……就这样，一直到她迈过了"拼音"这道"关"，我的鼓励和陪伴一直都是她努力和前进的动力。在那30多天的时间里，说心里话不着急是假的，但是我觉得家长有时候的"急"不能表现在孩子面前，一味地斥责和埋怨只会让孩子越来越胆怯，继而恐惧，再到排斥学习，只有家长理解、平和的情绪才是给孩子最好的帮助和爱。我从不要求她一定要考到多少分，也从不给她设置过高的期望值，但是我会经常对她说："在小学阶段，成绩不是最重要的，妈妈重视的是你的态度。无论做任何事情，都要认真对待！"其实，我们都明

白，只要孩子认真了，成绩就一定不会太差。平时，我在对待工作上也是一个极其认真的人。对于孩子的教育，我认为做比说更有效。小学重态度，中学重品行，高中重品质，大学重成绩，未来重选择。在这个世界上，只有一种爱是以放手为最终目的的，那就是父母对子女的爱。孩子越早具备独立生活的能力，越早脱离父母的怀抱，证明我们的教育越成功！

最后，我想说："感恩两位好老师、感谢这53个小天使让我们这些素不相识的爸爸、妈妈们得以相识、相聚，快乐着孩子们的快乐，幸福着孩子们的幸福！"

我的分享到此结束，谢谢大家耐心聆听！

谢谢各位！

怡婷妈妈：赵若彤

2015年3月5日

陪伴是最长情的告白

各位家长：

大家好！

对于孩子的教育和带孩子我们也是新手，没有经验，但是我愿意与他一起成长，见证他成长路上的每一分每一秒，陪伴他也成为我最快乐的时光！

起初的我把大部分的时间花在工作中，在发现孩子的一些问题后，我反思了很久，决定找老师沟通，以便找到更好、更有效的方法帮助孩子改掉身上的坏毛病。和李老师沟通后，我发现真的很有效。

我不停地摸索着怎样带领他向更好的方向前进，想要改变他首先要改变我自己，多抽出时间陪伴他，关心关注他的一切，抓住时机与他交流、沟通。慢慢地，我发现成效越来越明显，我也越来越喜欢和他在一起。与其说我是妈妈，不如说我也是一个大孩子。在陪伴他的过程中，他带给我很多惊喜与感动，我们一起爬山、一起看书、一起做手工、一起看有意义的电影、一起打扫卫生或做饭，在这一系列的过程中，我不断地收获着他带给我的快乐和热情！

一次在与李老师的交流中，李老师告诉我浩然的优点与不足。之后，我积极配合老师，努力将他的不足改正。当李老师说到浩然朗诵课文时声音好听、声情并茂，我随口而出的是"可能他天生就喜欢吧"！回到家，在细细回忆中我寻到了答案。

从小我就享受给他讲故事的过程，看到他在我讲故事时身临其境的表情，听到他谈自己的感受，我的内心得到的是欣慰与知足。后来，我发现他开始认字就能自己讲故事，每学一篇课文，他都声情并茂地读给我听，他也会用抑扬顿挫的语调和极富变幻的表情读他喜欢的每一个故事。如今，他特别热爱朗诵，他的自信心也由于朗诵而得到很大的提升。我能做的就是仍然做他的听众，认真聆听他每次的阅读和朗诵，听后既谈我的感受也会给他指出不足，他也会积极改正后再次读给我听。

浩然自信、有丰富的想象力，喜欢与人沟通，也喜欢帮助别人，他还有着很强的道德观念。在将近两年的时光里，我明白了：这个世界上没有一无是处的孩子，有的只是挑剔的父母。只要父母懂得教育，孩子自然会越来越优秀，而赞赏和激励是促使孩子进步的最有效的方法之一。

最后，我还想和在座的家长朋友们分享我切身体会过的故事。在我还是一名学生的时候，一次暑假，同学带我去她老家玩。在长途车上透过窗玻璃，有一片树林引起了我的注意。我一直盯着看，同学问我："你在想什么？"我问她："这片树林里的树怎么会这么挺拔？没有一棵是歪的，看起来好漂亮！"她告诉我："树苗成长的过程中也会不断长出新枝，护林人员会把长偏的枝丫早早就修剪掉，待树苗长成大树时，树就会长得很直很直。"直到我的孩子上了小学，我才发觉孩子也像这些小树苗，在他成长的过程中也会有缺点和不足，这就需要我们和老师互相配合，纠正他们的缺点。

只要我们用心栽培，相信我们现在种下的每一棵小树苗，将来都会成长为挺拔而美丽的参天大树！

谢谢大家！

浩然妈妈：张蕊

2015年3月5日

亲子郊游

这次亲子郊游活动是我班自开展完《家庭经验交流会》后大家商议组织的第一次大型活动。先来看一组数据，这次活动从发出第一条微信通知到活动成型只用了6天时间，910条微信，共计111人参加，其中孩子47个、家长64位。因为很多家长都是上班族，所以他们利用晚上休息的时间完成了许多筹备工作，而且很多工作都是在微信中聊天决定的。大家在聊天的过程中不光在沟通，还会献计献策，真是人多力量大，所有能预想到的困难都被这个庞大的群体战胜了。更为重要的是家长们在沟通商量的过程中加深了了解，增进了友谊，促进了和谐。

继第一次郊游活动之后，家长们还组织孩子们去过刘家峡，到过嘉峪关方特，到青海湖赏油菜花，一起去烧烤，相约去看电影，相约参加马拉松比赛，等等。我班孩子们在形式多样的实践活动中开阔了眼界，锻炼了身体，积累了生活经验，提升了各种能力。这样的体验对于孩子们的健康成长来说是一笔宝贵的财富。

正是因为有了多次组织活动的沟通经历，我和班上的家长都能融洽地相处，所以当班级工作中遇到困难时，我也会真诚地和家长沟通和协作。

附：活动后记两篇

2015春季亲子游艺活动后记

距2015年3月14日二年级一班学生家长自发组织、策划和筹备的爬山亲子游艺活动已经圆满结束4天了，在过去的4天里，每每看到活动时的照片，看到照片上那一张张洋溢着幸福和快乐的笑脸，看到那一个个被定格的精彩而难忘的瞬间，活动中的一幕幕就像放电影一样出现在脑海之中，作为这次活动的组织和筹备人员之一，我想将活动中的幕后故事记录下来，作为一份回忆珍藏……

这次活动最早是昊东妈妈2015年3月6日晚上在班级微信里提议的，当时有好几位家长都积极响应，就这样活动有了最初的雏形。3月7日（周六）下午，我和丰璐爸爸就活动的时间、地点、活动形式等商量了一下，当时我们考虑到路程距离、人员安全、家长方便程度、孩子体能强弱等各方面的因素，最终决定将活动地点定在安宁区仁寿山。

这次活动从发出第一条微信通知到活动开展只用了6天时间，有47名孩子、64名家长，共计111人参加，因为大家都是上班族，所以很多工作都是利用晚上休息的时间加班完成的。有很多令人感动的细节和不为人知的小事，但正是因为这些点点滴滴的小事才促成了本次活动的圆满与顺利！

经过一周紧张有序的筹备，3月14日早上8：30，所有报名的孩子和家长准时在72路终点站集合，大家有序地分组排队、缴费、登记、签字、按顺序上车、落座。

到达活动地点后，孩子和家长们都听从安排并积极配合，每个小队都在队长的组织和发令员的指挥下向山顶进发。丰璐爸爸、大新爸爸、翰雯爸爸提前20分钟出发，为的是在每一个岔路口留下指示标记，以便后面的家长和孩子不要走错路。孩子们在爬山途中以及到达山顶后，佳柠妈妈和丰璐妈妈都会为孩子们抓拍爬山的瞬间，并为每个小组的孩子们合影留念。

这次活动中，孩子们不仅收获了快乐，还锻炼了身体；作为家长的我们，通过这次活动彼此之间有了认识和了解，我们不仅收获了快乐，还收获了友谊！感谢孩子们！感谢可爱的爸爸妈妈们！

怡婷妈妈
记在2015年初春

爱在人间四月天

——烧烤活动小记

清风、晨阳、花香；欢声、笑语、吟唱……

兰州的四月，柳树吐绿，桃花微开，神奇的大自然用它特有的方式告诉北方的人们——春天来了!

在通往兰州市植物园的一条幽静的小路上,有一座神秘的农家小院,仿若陶渊明笔下的世外桃源隐藏于北山之间。这个被我们称为"土豪家的小院"的地方在4月5日清明小长假的第二天,扮演了一个重要的角色——烧烤基地!

那一天,孩子们在小院里跑着、笑着、玩耍着;大人们聊着天,将准备好的食物在火上烧烤着,大家品尝着谢爸和怡婷爸极其专业的烧烤成果,爱和温暖流淌在每个人的心里……

看着她们一张张快乐、灿烂的笑脸,真心觉得童年本就应如此——快乐、轻松、愉悦!那一天,孩子们有欢笑、有歌声……大人们有劳累、有疲惫……但最终留在记忆深处的一定都是快乐、开心和美好的回忆……

回想那天的活动,翻看手机中拍摄的照片,我突然意识到,家庭的和睦、父母的恩爱就是对孩子最好的教育。当孩子们在玩耍的过程中,看到爸爸、妈妈有说有笑地做着手中的工作;看到爸爸在烟雾缭绕中如此快乐和享受地为大家准备着美味食物的时候,孩子们也一定会觉得生活是如此美好。相信这一切都已深深印在孩子们的记忆中。

教育从来都不是说教出来的,而应在活动中潜移默化地渗透。透过一次又一次的活动,孩子们懂得了合作,知道了分享和谦让,学会了解决出现在彼此之间的问题。

难忘,初春的四月;相聚,让爱流淌在最美的人间四月天……

怡婷妈妈

2015年4月13日晚

欢庆六一

2015年六一国际儿童节前夕，学校通知各班要排一个节目，我因没有舞蹈天赋，于是在班级群内发了一条"求助"短信——

各位家长：

六一要到了，为了让孩子们度过一个难忘的节日，咱们班打算排一个舞蹈节目。如果哪位家长有这方面的特长，能否协助我完成节目编排一事！非常感谢！

当天晚上，我就接到雅萱妈妈打来的电话，她说想试试。从第二天中午开始，雅萱妈妈便早早来到班里挑选学生，以后天天抽空来学校给学生排舞。后来，有家长打电话告诉我因孩子未能入选到跳舞人员中很失落，也有家长在微信群中发信息说孩子特别想跳舞，但没被选上回家都哭鼻子了。于是，我和雅萱妈妈临时商量决定让全班孩子都参加演出。不跳舞的孩子都做啦啦队演员，这更加重了雅萱妈妈的排练负担。参加跳舞的孩子们的家长也被雅萱妈妈的真心付出感动着。有的家长自愿承担起购买演出服装、演出头花、手环、化妆品等闲杂工作，有的家长时常发短信询问需要帮什么忙，让雅萱妈妈安排就好。

那些日子，我每天都被家长们的真诚付出感动着，为了将六一排练节目期间看到的点滴感动予以总结，也为了将这种难得的正能量传递，我在"一切为了孩子"的微信群中发了"八大感动"信息：

感动一：为了班级荣誉，为了减轻我的负担，雅萱妈妈一连几天都以教舞蹈、练舞蹈为主。站在太阳下晒着她无所谓，嗓子沙哑了她依然竭尽全力纠正每一个孩子的动作，此时感谢的话语已苍白无力。

感动二：为了给孩子们解解渴，让孩子们认真练习舞蹈，笑冉妈妈为每个孩子和操心练舞的家长买来了雪糕。

感动三：为了让孩子们尽快熟记动作，丰璐妈妈反复提醒孩子们；为了不耽误孩子们回家的时间，她早早将教室里因跳舞而搬动到墙角的桌子——恢复到原位。

感动四：为了二（1）班的舞蹈能取得优异的成绩，珊妈妈宁愿耽误孩子上英语课，也不让孩子耽误练舞。结果是孩子昨晚的英语课迟到了好长时间。

感动五：为了二（1）班集体的荣誉，昨晚训练时很多家长群策群力、献计献策。

感动六：为了二（1）班的演出能取得成功，很多妈妈们主动请缨，分担化装任务。

感动七：为了购买跳舞用的衣服，雅萱妈妈千挑万选。在网上购物累不累？有网购经历的妈妈们肯定深有体会。为了购买手带和头饰，佳柠妈妈和爸爸弃生意于一边。

感动八：透漏一个消息，文涛妈妈打电话告诉我，六一儿童节那天她会给孩子们准备几箱饮料。

我用这样简单的语言将自己内心的感动真诚地流露在字里行间，把在班级中看到的一些正能量晒在了微信群中。所有的家长都被这样的正能量感动着、激励着，于是群内集聚的正能量越来越多，越来越多的家长开始真诚地理解老师，体谅老师的辛苦，进而支持学校的各项工作。

因为全班同学都要参加演出，面临的棘手问题是演出前的化装。临近演出的前两天晚上，我又在班级群内发了一条信息——

各位家长：

如果六一那天您家中没有事，特邀请您到学校帮孩子们化装，非常感谢！

此信息一发出去，群内就热闹了，家长们主动请缨，自由分工。有些家长甚至要请假来学校给孩子们化装。为了不影响家长们上班，也为了杜绝家长因给孩子们化装而耽误工作，我赶紧在群内发了这样一条信息：

各位家长的心意我懂得，但我不赞同大家为六一的准备工作而请假，因为没有大家就没有小家。能来帮忙的我们欢迎，来不了的也没关系。来化装的每位家长都会像对待自己的孩子一样为他们精心化装，来不了的家长请安心工作，大家等着看孩子们表演的精美照片和视频吧！

此信息一发出去，我在班级微信群看到了家长们发的信息：

谢谢李老师的"没有大家就没有小家",让我们帮不到忙的爸爸妈妈们很是感动,感谢老师和辛勤付出的妈妈们!感恩能相聚在这样温暖、有凝聚力的大家庭!感动让每个孩子都能被爱和快乐包围着!虽无力帮忙,但在内心为"不一般的二(1)班"点赞加油!棒棒的二(1)班!

刚才仔细看了大家的聊天记录,真的非常感动,让我这个出差在外的妈妈越来越想家,越来越觉得咱们二(1)班真是不一般,我一定争取早点回兰州,去看孩子们的六一节目,只要能回到兰州,一定回去帮忙。任务就不敢领了,但打打杂绝对没有问题。而且一定要感谢李老师和辛苦付出的妈妈们,谢谢了!我爱你们大家!

…… ……

六一那天早上,当我早早来到学校时,看到我班教室里已经来了很多家长。大家都在忙碌中,他们有的在给孩子梳头,有的在给孩子画眉,有的在给孩子画眼线,有的在给孩子涂腮红,有的在给孩子画口红……一切都是流水作业。全班51个孩子,来帮忙化装的却不止51位家长,还有很多位爸爸们在搞后勤,比如,需要买东西,需要搬桌子,需要跑腿解决的事情他们都抢着干。

这间教室一直就像一个和谐的大家庭一样充满浓浓的爱,因为所有的家长都和我一样有一个共同的心愿——让孩子们度过一个快乐、难忘、有意义的六一儿童节。此外,还有些来不了的家长也发来了诚挚的祝福。

展演后合影

　　谢谢李老师和各位妈妈们，谢谢你们！看了微信聊天记录，心里全是感动和温暖。我去不了演出现场，但是我会给大家加油的！相信我们班一定能取得好成绩，因为孩子们的身后有你们这些出色的老师和热情的爸爸妈妈们。二（1）班，不一般！

　　这次节目展演完之后，我们留下了一张近百人的全家照。看着照片上的每一个孩子都是那么快乐，每一位家长也如同回到了自己的童年般开心，这样的记忆对于每一个孩子来说应该会刻骨铭心吧！

一活动一小结

2015年六一活动结束后的第二天，我再一次翻看了六一演出当天的照片，感动之余，我写下了一段小结，发在了班级微信群——

今天早上，我又一次细细品味了昨天的一幕幕。我发现二（1）班既有专业的舞蹈师，又有专业的摄影师；既有专业的盘发师，又有专业的化妆师；既有专业的造型设计师，又有专业的后勤保障师；既有专业的活动策划师，又有专业的医疗服务师；既有专业的故障维修师，又有专业的环保形象师。真情从一张张照片中溢出，感动在一次次点击中重现。二（1）班的爸爸妈妈、爷爷奶奶们，让我们为了同一个目标继续携手前行，相信每一个孩子的明天都会因我们的真诚陪伴而充满回忆，会因我们的不懈努力而精彩纷呈！愿二（1）班的孩子们能在乐园中幸福生活，在爱的滋润下健康成长！

我是一个比较感性的人，每每受到一些感动都会用文字表达内心的感激之情。两年来，家长们在微信群里读到了很多我写的文字。慢慢地，很多家长也愿意写长段信息在群内交流、互动了，而且越写越好了。

看看我发完"六一活动后记"后群内家长们的留言吧。

看着一张张纯真的笑脸，所有的烦恼和疲惫都烟消云散。所有的家长都是那么热情、那么真诚！孩子能生活在这样一个大家庭我感到无比的幸运！孩子们，快乐成长吧！

——翰雯妈妈

我们班的家长都愿意付出，积极向上，所以我们这个大家庭的氛围特别温暖。家长们尚且如此，孩子们也一定能够建立团结协作的友情。

——昊东妈妈

2017年的六一儿童节，我们班的舞蹈《俏花旦》又一次惊羡全校师生。演出结束后，为了抒发心中满满的喜悦与感激之情，我在班级微信群发了这样一段文字：

翻看照片中，我又一次回味了今天的演出，好棒啊！谢谢雅萱妈妈的精彩编排和辛勤付出，谢谢佳柠等妈妈们精心装扮每一个孩子，感谢岩爷爷用镜头给我们留下珍贵、难忘的瞬间，这将又一次成为老师和孩子们永久的回忆。总之，今天的演出能获得好评，多亏了四（1）班全体家长的鼎力协助与大力配合！在此，我向大家表示诚挚的谢意。在我和朱老师眼里，四（1）班的家长个个都顶呱呱，个个都是好家长。虽然今年的好家长评选每班只选出了一位，但只要提到四（1）班，学校领导、老师们都会说："这个班的家长们很给力！"确实如此，每次我班校内活动的顺利开展、校外活动的精彩呈现无不体现出各位家长们的携手配合！感谢！感谢！因为孩子们，我们相识；因为孩子们，我们携手；因为孩子们，我们相助。能与你们这样优秀、团结、积极、向上的家长团队携手前行是欣喜而又幸福的事儿。让我们继续携手，陪伴孩子们度过快乐且充实、难忘且有意义的童年生活吧！

再看看被评为"班级好家长"的怡婷妈妈发在朋友圈的感想：

今天是个特殊的日子！不仅仅因为它是全世界孩子的节日，更因为在这个珍贵的日子里，因为你，我收获了一份特殊的荣誉！我享受和你在一起的每一分钟，在你短暂而珍贵的童年时光里，一起走过和经历每一个重要的时刻！一直以来，我都觉得你很幸运也很幸福！因为你生活在一个充满爱和正能量的班集体里！四（1）班，这个不一般的团队里，有太多太多的好家长！这份荣誉属于四（1）班的每一位爸爸妈妈！"好家长"这份荣誉既有感动也有不安，是荣誉更是责任！在成为好家长这条道路上，我们都在学习、前行……感谢你——我的宝贝！让我有机会学习成为一个好妈妈！感谢四（1）班的每一个孩子，是你们让我们这些做父母的有机会得以相识！（这是今天我写在朋友圈里的一段话，也是我的心里话！）

我想说的是，在四（1）班这个温暖的大家庭里，因为有了李老师、朱老师和每一位老师们的辛勤工作和努力付出，因为有了每一位热心爸爸妈妈的真诚协作，才有了不一般的四（1）班！四（1）班有很多爸爸妈妈都做得比我好，他们都配得上"好家长"的称号。在孩子们还有短短两年的小学时光里，让我们一起携手，努力成为更好的家长，陪伴孩子们走过难忘的小学时光！祝孩子们六一儿童节快乐！

一封喜报

为了激发孩子们前一天晚上认真复习词语的积极性，也为了让每一位家长都能高度重视并积极配合我做好听写工作，我采用了发喜报的方式进行通知。

每天早上听写完词语后，我会及时批阅听写，凡是听写得了100分的孩子，我都会通过校讯通平台给家长们发喜报。

喜报内容是这样的：

喜报到！喜报到！祝贺您的孩子在今天早上的听写中取得了优异的成绩！特此鼓励！感谢您一如既往的支持与配合，让我们继续携手合作！

如果您也是一位家长，当您收到这样的短信后，会有怎样的感受？心中肯定喜滋滋的，有时还会和家里人或同事分享一番内心的喜悦吧！

自从采取发喜报的方式通知以来，孩子们听写词语的积极性高了，学习的自觉性也高了。不光孩子们，连家长们也乐此不疲、愉悦地接受了给孩子们听写词语的任务。每天收到喜报是他们最大的快乐与期盼。如有家长收到喜报时回复了这样的短信：

李老师，谢谢您！今天收到了喜报短信，我非常高兴。以后，我们会积极配合您的！您辛苦了！

其实就是将100分换了一种形式，在孩子还没有将听写单拿回家时，用发喜报的方式提前告知家长孩子们早上听写的结果而已。喜报也只是用几个普通的字凑成了简单的一句话而已，但带给家长们的却是惊喜与更积极的配合。

这种效果远远超过100分的效应，所以很多时候，换一种方式和家长合作能起到事半功倍的效果。就是因为听写100分会发喜报，所以很多学生在家自觉复习词语，很多家长认真负责地给孩子听写，期待着每天都收到喜报。于是，喜报便促成了我和家长之间愉悦的协作，"喜报效应"就这样悄无声息地产生了。

和两位家长之间的"秘密"

早在半月之前，我和两位家长之间约定了一个"秘密"。

五一早上，我和家人一大早就开车出发前往目的地。一路上，我和一位家长一直保持短信联系，互相告知各自的位置。

大约8点钟，一辆大型旅游车驶过我家车旁，一声响亮的喇叭声提醒我家的车跟上。我们紧随其后，谁也没有发现异样之处。临近目的地，旅游大巴车停了下来，我家的车也停了下来。从大巴车上走下来一位戴墨镜的男子，我摇下车窗，会意地笑了一下——他懂的。因为这是我和他之间的"秘密"。紧接着从车上跑下来一个小男孩，一阵风似的在车旁的空地上跑过，在他抬头的一瞬间望见了坐在私家车内的我。他先是一愣，接着迅速掉转头往回跑，没跑几步又转声看了我一眼。他是在怀疑他的眼睛——难道看错了？没错，他定在那里不跑了，吃惊地望着我，一句话也不说！我实在"装"不下去了，也再也"藏"不住了——"丑媳妇"总得见"公婆"不是？我推开车门下了车。又一个小女孩从大巴车上下来正贴着车身向后方走，她一眼望见我，先是意外，尔后咧开嘴笑着，大喊："李老师！"继而扑进我的怀里，仰起头，说："李老师，看到您我太高兴了！"紧接着先前第一个看到我的那个男孩也折返回来扑进我的怀里，那力量好大，我毫无准备，身子竟向后退了两步。他将头贴着我的身体，两臂紧紧地抱着我，一言不发。我知道那一刻他在想什么，他想说什么。之后，看到我的孩子们都很诧异地和我打招呼，家长们也一头雾水地和我打招呼。他们肯定在想：怎么会那么巧的在刘家峡碰到李老师呢？这就是我和两位家长之间的"秘密"。我偷偷地来参加了我班家长自发组织的"五一刘家峡亲子一日游活动"了。

早在半月前，家长们就在策划五一去刘家峡的亲子游活动，对这项活动我全然知晓，但依旧装作不知情。尽管我从心底里支持他们多组织一些实践活动，让孩子们在活动中锻炼自己，学会与同学交往、学会谦让、学会合作、学会宽容、学会感恩，可我从不敢公然组织这样的活动，因为教育局明令禁止教师不允许组织学生参加外出游玩活动。可是哪个孩子愿意做被圈在笼中的鸟儿，又有几只圈在笼中的鸟儿当打开笼子时能振翅高飞，能适应环境，学会自立，翱翔天空？正因为如此，当我看到家长们在微信群内讨论外出计划时，我"装聋作哑"。

一天晚上，我收到其中一位家长的电话，他邀请我参加家长们组织的活动，我表达谢意后说明了不能去的缘由。后来，我又接到另一位家长的电话，家长同样的邀请，我同样的拒绝！挂断电话后，我的心情久久不能平静。再后来，我又收到了一位家长发来的短信。我犹豫了，一是不好一次次地拒绝家长，二是班主任就是班级的主心骨，班级活动缺了主心骨就缺少了凝聚力。我决定去参加班级的亲子游活动了。我和家人单独开车去刘家峡，算是一次纯属巧合的"邂逅"。

终于，愿望达成了。我、孩子们及各位家长先是来到太极岛北欧童话度假村，将车停好后来到坐船的地点，包船游览。孩子们在船上来回走动，边说边玩，好不热闹。大人们三三两两聚在一起聊天。最操心的是安全员们，他们跟着孩子们跑上跑下，时刻提醒孩子们注意安全。在船上，我们一起聊天谈心、合影留念，从孩子们开心的笑容和不寻常的动作中能感受到他们心中的喜悦。下船后，我们去摘草莓。走进草莓大棚后，孩子们个个手提采摘草莓的小桶，小心地挪动着脚步，用手去触碰那红得诱人的大草莓。那一个个鲜红的草莓像听话的娃娃顺从地躺入孩子们的手心，跳进大大的"摇篮"。挂在孩子们脸上的，是劳动带给他们的喜悦和收获带给他们的满足。

到午饭时间了，孩子们和家长们都随意落座，谁也没有进行安排，每桌都有大人和小孩。但每桌有大人的，自家的小孩不一定在；每桌有小孩的，他们的父母也不一定在。我坐的那一桌有两个小孩，他们的父母都坐在别桌。吃饭时，我总是像在工作中操心每个孩子一样操心两个孩子。两个孩子也特别懂事，总是往我的碗里夹菜，她俩也互相夹菜。那一刻，我觉得特别幸福，因为我的学生虽然年纪不大，但很懂事。身教重于言教，他们也学会了照顾别人，他们往我碗里夹菜，往同伴碗里夹菜，这样的举动对于坐在整个桌子上的大人和其他孩子来说都是一种无声的教育——我们应该关心长辈，关心父母，关心同伴。

　　印象最深的是午餐后的亲子游戏环节，"盲走""寻宝""速记""我们爱你"四项活动都是在和家长的合作中完成的！"盲走"活动让孩子们懂得了人与人之间的信任很重要。"寻宝"活动让孩子们收获了得到"宝藏"后的惊喜，卡片中的话语也着实让大家温暖了好一阵，很是贴心。"速记"活动中准备了从大自然中随意找到的12种物品，有石头、树叶、木根、花、草等，要求每家现场记忆两分钟，然后根据记忆，快速从周围找到刚刚出示的12种物品。各家庭在寻找的过程中，才发现世间的万物不仅形态各异，而且奇妙美好。在参与这项活动的过程中，我才发现孩子们的记忆力比成人要好很多。"我们爱你"的活动中，家长们站在地上用臂膀搭好了"保护垫"，要求站在高处的孩子们背对"保护垫"大胆地倒在"保护垫"上。尽管家长们做好了多重保护，但孩子们依旧不敢"倒下去"，有的孩子直接坐在人墙上，有的孩子用手拉着扶手不放，有的孩子临阵脱逃……其中有两个孩子的心理素质很好，他们敢于挑战自我，敢于将身体挺直向后倒去。这个活动让孩子们意识到了信任他人、战胜自我恐惧感都很重要。虽然每一位家长都知道这个活动是绝对安全的，但在孩子看来这还是很危险，一是不够相信他人，二是克服不了内心的恐惧。可见，有时候心理承受能力的高低决定了敢不敢尝试挑战，能不能超越自我。

　　下午大约5点多钟时，我们返程了。此次活动，我虽然只是参与者中的一员，但我从一个参与者的角度看到了孩子们的成长和孩子们的智慧。最后，特别感谢为此次活动付出辛勤努力的家长们！

五一郊游后记

　　天的郊游活动结束了，但家长和孩子们还沉浸在活动的喜悦之中。一起看看我班微信群家长们发来的聊天内容吧！

　　刘家峡一日游包括采摘草莓、亲子活动、体验"盲走""寻宝""速记"等活动。在游戏中体验与儿子的相互信任。虽然漫天飞舞的柳絮不时地"捣乱"，蚊子也来"嘚瑟"，这都不影响孩子们的好心情。

——昊东妈妈

　　感谢身体不适而依旧坚持到最后的妈妈们，感谢你们为孩子们的付出，终究孩子们会在这成长的路上牢牢记住这快乐的一天是谁陪伴的。感谢怡婷妈带病坚持策划亲子游戏活动，孩子们的教育因为有了你而变得多姿多彩，活动也显得更有意义，我们各家也因为有了你设计的活动而拉近了和孩子们的心灵沟通。

——翰雯爸爸

　　真的不用谢，因为有了你们大家的陪伴和积极组织，才使得我设计的那些游戏有了意义。昨天回到家里想到了昨天的游戏设计还有哪些不足。下次我们再玩效果可能会更好！感恩生命的旅途中有如此精彩和快乐的一段行程有你们相伴。这个五一和大家在一起，真的真的很幸福！昨天虽然头疼、胃疼、肚子疼，但是和你们在一起，我是疼并快乐着、幸福着、感动着、兴奋着……

——怡婷妈妈

　　很快乐、很有意义的五一节，孩子回来主动洗草莓、西红柿给家人吃，还给爷爷奶奶主动送瓜子吃，真的很欣慰，也很感动！孩子一点一滴的变化是在陪伴中慢慢积累的，很感谢组委会的爸爸妈妈们，爱你们！感谢每一位参与的家长，因为有你们的陪伴，孩子感受到了更多集体的温暖。

——子祺妈妈

每次活动后，班级群内都会有谈论，不光是我，班上的家长们也积极参与交流，和谐融洽的交流氛围不仅拉近了家长与家长之间的关系，也增进了孩子们之间的友谊和班级凝聚力。

共同关注学生心理健康

晚饭后，我准备写今天阅卷后的卷面分析。刚打开电脑，QQ消息提示音便响个不停，我打开时看到了班上夏妈妈发来的信息：李老师，这是我做好的片子，你点击网址就可以看了。我在种种感动中看完了这部片子！片子中的内容是我班开展"阳光心理"家长讲堂活动的完整过程。讲堂活动中做讲座的四位老师都是我班的学生家长，四位老师从不同的角度告诉孩子们要正确认识自己、悦纳自己，要正视自己的缺点，要努力战胜自己，因为拥有健康的心理和优秀的品质是永恒的财富！

看完片子后，我怀着无比激动的心情将这部原汁原味的片子发到"一切为了孩子"的班级QQ群——

各位家长：

大家晚上好！咱们班原定1月5日下午进行的"阳光心理"家长讲堂活动因要迎接检查，故将此项活动提前到1月5日上午进行。此项活动公布后，得到了很多家长的鼎力支持与配合！参与家长讲堂的有刘玉胜老师（夏爸爸）、王怀慧老师（嘉妈妈）、赵若彤老师（怡婷妈妈）、马瑛老师（梓涵大姨）。在此，向四位老师致以最崇高的敬意！你们辛苦了！同时也要感谢为活动全程照相的佳柠妈妈、全程摄像的夏妈妈以及笑冉妈妈。我因筹备我们组下午的"走近毛泽东"学生大讲堂活动没有参加这场有意义的讲堂活动，多亏了副班主任李老师和数学张老师的大力配合，在此表示诚挚的谢意！没能在现场聆听四位老师的精彩讲座深感遗憾，因为我错过了很多的精彩。幸亏夏妈妈及时制作了这个片子，我正在观看这部片子，细细品味错过的精彩！现将这部片子分享在群内，各位家长若有空可以看看！愿四（1）班的每一个孩子今后都能做最好的自己！孩子们，加油哦！再次感谢四位老师的精彩讲座！写在孩子们脸上的无限灿烂的微笑和他们身后留下的健康成长的足迹就是对大家辛苦付出的回报！谢谢大家！

  心理健康是学生健康成长的先决条件。当今社会，很多学生是独生子女，很多家庭甚至是八个大人围着一个孩子转，来自家庭、社会、学校的种种原因致使部分孩子有了懒惰、胆怯、自私等缺点。除此之外，还应该值得关注的是近年来小学生自杀的事件也屡屡发生，这其中除了一些外部因素外，也与小学生自身的心理脆弱、敏感、抗挫能力差等内部因素有关系。作为小学教师，要及早关注学生的心理健康教育，培养学生良好的心理品质，教给学生一些心理疏导的方法，帮助学生缓解学习压力、人际压力，从小学开始会正确认识自我，进而学会做事，学会生活，学会生存。

我们都是朗读者

五月的最后一周，学校开展了读书周活动。我在班级微信群转发了"致家长的一封信"，并倡议家长和孩子们选择《童年》这本书中的内容进行朗读并录音后发到群内。晚上，当我打开微信群时，看到已经有很多家长在群内发了朗读录音。我一一听完朗读录音后，在群内发了一段信息：

各位家长发的朗读录音我一一听完了。非常好，非常好！先要给雅萱姥姥、富成妈妈、觐博爸爸、梓涵爸爸、文垚妈妈、明轩妈妈、英楠妈妈、翰雯妈妈、潇洋妈妈、昊东妈妈点赞。我听到了你们熟悉的声音，感受到了你们对书中人物或是情节的感悟，孩子们和你们一起朗读定会成为珍贵的记忆。各位家长和孩子们通过手机传递到我耳中的声音带给我很多的惊喜与感动。家长们个个深藏不露，一张口都那么棒！请积极报名参加星期五早上咱们班要举行的"家庭朗读者比赛"哦！

自带这班学生以来，我和家长们沟通过的次数很多很多，所以单凭群内发的录音我就能听出和孩子们一起朗读的是孩子的爸爸还是妈妈、爷爷还是奶奶。在认真听朗读录音的过程中，我还会不时地将心中的感受分享到群内，和家长们进行及时的交流与沟通。

李老师：我才发觉听书也是一种享受！（　　）［鼓掌］［鼓掌］［鼓掌］欢迎各位家长继续分享朗读录音，谢谢！（　　）［握手］［握手］［握手］（　　）

李老师：孩子们，家长们，你们又一次超越了自己，体验了读书的乐趣。书中自有黄金屋，书中自有颜如玉。读书能让我们拥有和高尚的人交流的机会，读书能让我们变得有思想。孩子们，家长们，让我们坚持读书吧！

李老师：今晚的听书结束了，未完，待续哦！有兴趣的家长和孩子们明晚接着读《童年》哦！期待着明晚还能听到你们熟悉又动听、亲切又有磁性的声音。全班共有57个孩子，今晚有40位家长参与了朗读。读得是否流畅、是否标准、是否有感情已不重要，重要的是家长们愿意关掉电视、愿意放弃游戏、愿意推掉应酬和孩子一起看书、听书、诵书、聊书。

浩然妈妈：@雨季，谢谢李老师，感觉很有意思呢！

李老师：@浩然妈妈，那就继续读哦，我觉得听书比读书还有意思。

明轩妈妈：嗯嗯！这个方法很有意思，参与进来觉得很开心呢！

明轩妈妈：就是我们家长也好紧张，读得太快了，慢慢读，多多读，我们也会进步的。

李老师：有空和明轩合作，朗读后发到群内哦。

明轩妈妈：他读的时候，我还说他紧张念错字了。我读的时候也很紧张，读得太快了。真是经历过才知道，我们都缺乏锻炼啊！

自开展这一活动来，每个孩子、每个家庭都在积极参与中成长。当然，这项活动肯定有一些家庭因种种原因不能参与其中，或许是家长不会使用微信，或许是家长太忙，或许是家长要上班……这都没关系，若是这样的读书方式能启迪家长及早重视培养孩子的阅读习惯，做孩子的阅读伙伴，懂得陪伴是最长情的告白，就达到了我预期的目的。在孩子们完成这项作业的过程中，每个家庭的父母与孩子之间都多了一些沟通、多了一些商议、多了一些理解。即便偶尔会有的争议也是有意义的，因为争议的目的也是为了达到更好的朗读效果。

附：一位家长发的微信朋友圈

今天是2017年5月24日，儿子脚部受伤后一直在家休息，已有很长时间没有去学校了。通过校讯通和班级微信群得知这几天学校在开展读书周活动。在学校下发的"致家长的一封信"中有"七个一"活动，其中一项是要求开展"亲子共读"活动。

儿子班上李老师在班级微信群内鼓励家长和孩子在家同读《童年》这本书，建议大家选取一段朗读并录音后发到班级微信群内。昨天晚上，我9：40才下班回到家，看到儿子正在听同学们发到班级微信群内的朗读录音。之后，他也手捧书，一遍又一遍地朗读着书中的段落。读了好一阵后，嚷嚷着让我和他一起朗读后在群内分享亲子朗读录音。我说："宝贝，妈妈普通话说得不标准，你好好读一遍分享好吗？"他见与我合作已没有希望，只好嘴里念叨："您去洗漱，我自己来！"然后用自己的手机录音、发送。儿子一直是这样自己完成所有作业的。

今天早班，培训学习完回到家，身心疲惫，满脑子是总控、安检、喷淋、温控……一进门就看到遵仁在借助双拐走路——前几天要求他多多锻炼，早日回到学校。他很听话，拄着双拐围着不大的客厅走来走去。

吃完晚饭，遵仁坐在床上，打开班级微信群继续听今晚同学们发的亲子朗读录音。他边听边说："妈妈，我俩今天晚上好好多读几遍，也分享一段亲子朗读录音！"我和昨天晚上一样推脱说："妈妈普通话说得不标准！"他却很执着地说："妈妈，您读，我听，不合适的我给您纠正！"看到孩子期盼的眼神，我说："那好吧！"尽管我的朗读只有四句话，但发出去以后，他便迫不及待地点击回听。"妈妈，听听，很标准呢……你要自信！"我瞠目结舌，他像个大人一样，永远鼓励我！

班主任李老师最后点评的话语，让我羞愧无比。的确，陪伴才是最长情的告白！我的宝贝，我的遵仁，待妈妈这段时间的考试结束后，我们继续一同读书，共同学习。

遵仁妈妈

孩子们每天在坚持朗读中逐步成长，我在每天坚持听朗读中见证孩子们的成长。生活的舞台中，时时、处处都能演绎精彩。我们不必羡慕他人的位置，只需演好自己的角色，争取做好该做的事，努力做点能做的事。虽不能有蓝天的深邃，但可以有白云的飘逸；虽不能有大海的壮阔，但可以有小溪的优雅。我愿继续鼓励孩子们在读书活动中演绎更多的精彩，孩子们身上一次次散发的光彩让我的周围也布满了缕缕光芒，这光芒的聚集促成了我生命中的精彩。于是，我又一次坚定信心，怀揣希望，逐梦前行，为成为自己人生中的主角努力前行。

一天天地成长

今晚的读书活动还在继续。待我打开班级微信群时已有很多条录音信息罗列在手机屏幕中了，我逐一打开语音，边听边记载孩子们朗读中的优缺点，边听边在群内点评——表扬昨夜和今夜都坚持朗读的家长，欢迎新加入朗读者队伍的家长，称赞读得好的孩子和家长，指出孩子们朗读时需要改进的方面……

很多孩子的朗读能力有了超越，有了突破。说真的，在内心深处，我一直非常感激我班的家长们。每次需要他们配合我教育孩子或是陪伴孩子一起成长时，他们都积极响应，全力支持。这次的读书周活动中开展的"亲子共读"活动也一样。我要感谢各位家长能和孩子们一起读《童年》，对于孩子们来说，这将是一份珍贵的记忆。亲子共读能加深父母与孩子之间的沟通，能促进父母与孩子之间的感情，能增进家庭成员之间的和谐。愿每个家庭的成员都能或多或少地抽出一些时间来陪陪孩子们——陪孩子们吃饭、散步、学习、活动、郊游、玩耍、谈心、游戏、下棋……因为陪伴是最长情的告白！

今晚还收到了昊东妈妈发到我私聊框内的语音链接，打开时看到了一张照片，照片中的男孩帅气可爱，他身着淡蓝色的衬衫，浅蓝色的裤子，手拿主持卡端正地站着，他就是昊东。这张照片是他为我工作室开展的活动"我最喜爱的历史人物"演讲比赛活动做主持前夕照的。自从二年级第一学期起，昊东和其他几位孩子就被同学们推荐为各项活动的主持人。每次开展活动，昊东都能认真准备，正所谓"态度决定一切"，昊东每次对待主持工作的态度决定了他主持的效果与收获。他成长得飞快，不论是台风、仪态，还是声音、语调，都能较为自如、合理地把控。

还记得我班孩子读完《假如给我三天光明》这本书后，我决定召开一次读书交流会，主持人由昊东一人完成，昊东既要负责登记要交流的同学姓名及交流的大概内容，还要作为主持人主持整场交流活动。下午一上课，我便和同年级的几位老师坐了听众席。昊东从宣布活动开始到宣布活动结束，从引词报幕到简单总结上一节目，他从没低头看一眼主持稿，不是他背会了主持词，而是他根本就没有准备"承上启下"的主持词。但每个人交流完后他都会有几句总结，还会用恰如其分的几句话请出下一名要交流的同学。坐在听众席的其他几位老师很是纳闷——他的稿子在哪里呢？其实就在他心里，不是事先记在心里的，而是临场发挥出来的即兴语言。

对于一个五年级的孩子，能根据现场不同孩子的交流内容临时组织一些恰当的语言，并在那么多师生面前说出来，不仅考验的是胆量，还有临场发挥的智慧，更重要的是对语言文字的运用能力。这种综合能力绝不是一天两天就能训练出来的。自2013年8月带这班孩子以来，我的课堂常以互动为主，开展各种活动也是常态。每节课中、每项活动中学生都是主角，可见老师给学生体会提供的机会多了，学生锻炼的次数多了，自然就能驾轻就熟了。

滴水穿石非一日之功，一次次地上台交流，一次次地参与各种活动，使班上的很多孩子都如昊东一样站在讲台上张口就能说，还有部分孩子说话时能引经据典，头头是道。之前写过的内容中，那个写诗的女孩珂菱就是其中一个。每次她一发言，总会有这样的话语："我读过一本××书，书中有这样一句话……""我看过这样一个故事，这个故事讲了……""大家都听说过这样一句话吧……"所以，她的发言总是很有说服力。每次他发言后，同学们总会报以热烈的掌声。

高尔基说过："书籍是人类进步的阶梯。"阅读是一种巩固学习成果、丰富知识的有效手段。从一年级带上这班学生起，每晚都有一项固定的家庭作业那就是读书。坚持课外阅读让学生即使足不出户，也能获知很多天下事。通过课外阅读，不仅增加了学生对自然科学、社会科学以及世界各地风土人情的认识和理解，还增强了学生的语言表达能力和习作水平。

作为老师，我在陪伴孩子们一天天成长的过程中欣慰着、喜悦着、幸福着，这种感觉也很好！

一次拓展训练活动

班上有很多独生子女，他们大多都是在家中很多亲人的呵护与关爱中长大。就拿背书包来说吧，很多父母都替孩子做了，有时甚至是爷爷奶奶们替孩子背书包，久而久之，孩子们也觉得这是理所当然的。做过老师的常常会看见这样的现象：孩子们放学只要一走出校门，校门口等候的爷爷或是奶奶们便会第一时间迎上来，赶紧取下孙子或是孙女身上的书包背在自己身上。每每看到这一幕时，我总觉得不好，尽管时常给家长说，孩子自己的事情让自己干，但总有一些家长置之不理。

随着孩子们年龄的增长，很多时候他们需要独立面对一些困难。为了磨炼学生的意志，健全学生的人格，激励他们勇于面对困难，勇攀高峰，挑战自我。我班孩子们在靳博爸爸的牵头组织下顺利开展了一次拓展训练活动。

先来通过几位家长发的信息感知一下这次活动带给孩子们的体验吧！

我想起岩在钢丝绳上哭着说，他不想走了；想起佳柠在木板上不敢迈步；想起我从下面看笑冉时，她小腿抖个不停，但那天所有的家长孩子们都是一片加油和鼓励，当帆站在梯子上大哭的时候，不知哪个家长说了句'你们都是一个班的同学，不管谁遇到困难你们都应该给予鼓励'，任何时候都觉得班里的气氛积极热烈，充满正能量。

——昊东妈妈

昨天，女儿班里一名同学的家长组织了一次拓展训练活动。今天翻看手机相册，被一个个难忘的瞬间感动着，回忆昨天，依然沉浸在活动的快乐中！借用夏妈妈写下的一段话，因为这段话也写出了我想要表达的：女儿所在的班集体一定是一个令人羡慕的班集体，这个班集体团结、互助、友爱、拼搏、乐观、向上；这个班集体的老师们认真、负责、敬业，更爱这些可爱的孩子们；这个班集体的家长们热情、合作、宽容，所有的一切铸就了这样一个优秀的班集体，为女儿能够有这样一个可爱的班集体而高兴！

——佳柠妈妈

一次收获颇丰的素质拓展训练。在这次活动中，我看到了女儿勇于探索、勇于面对、勇于挑战、勇于担当、勇于尝试的一面，还看到了她乐观开朗、活泼可爱、团结合作、认真专注的一面，女儿又一次的成长让我感到骄傲和幸福！感谢这次活动的主要组织者小马同学的爸爸！

——玥言妈妈

昨天的活动留下了太多难忘而美好的回忆！谢谢小马同学爸爸的精心组织和策划！谢谢每一个参与活动的人！谢谢每一个为活动付出的人！四（1）班是一个无法用语言形容的班集体！是一个让太多人羡慕的班集体！在这个班里的每一个人都很幸福！这个小长假忙碌、紧张、充实、快乐且收获满满……宝贝的每一次成长和收获都离不开身边好朋友、小伙伴的陪伴和鼓励，离不开爱她的亲人和叔叔们的付出和给予。所有人在背后默默地付出和努力才有了孩子们的快乐和收获，才有了这难忘而宝贵的经历和体验。孩子，请用感恩的心好好面对所有，因为这一切都将成为你人生中最宝贵的财富！而我会尽我所能地陪伴在你身边，见证你的成长，因为这是最长情的疼爱！

——怡婷妈妈

和以往开展完活动一样，这次活动结束后，很多家长都在班级微信群中内留言，以上我只节选了四位家长发的信息。"一活动一总结"已形成了不成文的惯例，班上每开展一次活动，我都会有感而发，写一些或长或短的小结发在班级群里。家长们读得次数多了，便有了写文字共勉的愿望。以前发信息的家长就那么几位，写的内容也就一两句话，后来家长们发信息也成段了，而且很有文采。语感是可以培养的，文字是有魅力的，看到家长们发的那一段段文字，我很欣喜。为了孩子，我和家长们也在一天天地成长。在配合教育孩子们的过程中，我和家长之间不仅有了很多的沟通与理解，更重要的是很多家长也爱上了祖国的文字，爱上了写作。

一起成长

今天在学校微信群内看到了一篇题为《父母要与孩子一起成长》的链接，这是我校刘校长分享的，并建议将其分享到各班班级群，我阅读并及时转发了。

下午利用空闲时间浏览班级微信群时，我看到了大家对昨晚背诵课文这一作业展开的交流后，为家长们积极配合教育孩子所付出的努力感动不已。

感动之余，我将刘昊东妈妈在群内的交流做了整理——

我能分享我和孩子昨天晚上的小事吗？可能有的家长比我做得更好！

昨晚孩子背课文，从晚上8点进家到9：30，前四段还是背得结结巴巴，我开始抓狂生气——怎么总出错，烦死了，讨厌！孩子开始哭，并说："我背不会，老师明天批评呢！"我也有点火了："你还没背呢就说背不会，一点苦都吃不了。"然后，我放下手里的东西，给了他一些零食安抚了一下。我说："来，咱俩一起背。我们以句子为单位，把小句子合成大句子，读两遍，记一遍，背一遍，再巩固一遍，然后再往下背，最后再整段串一遍。"就这样，他提示我，我提示他，果然背得快多了。我发现我的记忆力还挺好，有些句子比孩子记得还快，但我不表现出来，反而他比之前背得快了。这样到10点就已经背完了，他不仅高兴了，还对我表示感谢呢！

我觉得有时候家长光说教也不行，必要的时候得来点实际行动，这样孩子才更有积极性。今天早上去学校的路上孩子又主动背了一遍，很流畅，便高兴地走进了校园。

现在想想，若是在他背不会时，我总是一味地说教，他心里肯定也不舒服。所以，家长应该和孩子一起成长！

…… ……

带这班孩子已经四年了，在这四年里，我身后一直有一个强大的团队支持我、帮助我、鼓舞我，在此深表敬意和谢意——有缘和他们一起陪伴孩子们成长，真好！

一个人的一生有四个重要的生命场：母亲的子宫、家庭、学校的教室和工作的职场。其中，家庭是人生最重要的场所。家庭教育不是简单的教育孩子，更是每一位做父母的自我教育。父母不努力成长，就看不到孩子努力成长的样子。与孩子一起成长，才是家庭教育最美丽的风景，才是父母最美好的人生姿态！所以，我在教育儿子的过程中，做得多，说得少。我不是为他做很多的事情，而是努力做好我该做的事。在家中，很多时候我都在忙自己的工作，只为在积极进取中不断提升自我价值。儿子从我平日忙忙碌碌的举动中潜移默化地受到了一些教育，努力做好了自己该做的事情。

父母最好的教育就是为孩子做好榜样，用行动教育子女胜过一遍遍地说教。

由一封信写起

亲爱的爸爸：

您知道吗？

每次见到您喝醉酒后呕吐、骂人的情景，我的心都在流泪呀！

记得有一次，我正在家里兴致勃勃地画画。您满身酒气地回来了，踉踉跄跄地走到我面前，瞪着眼睛，晃动着大手胡乱指着那张画，嘴里含糊不清地大声说："你——看——看，你——看看，你画的这是什么玩意儿。"说着气狠狠地扯下我用心完成的画，并将其扔向了窗外。

还有一次，我正在摆我的玩具车——宝马、现代、纳智捷等，可是您一进来就说："别再玩了，有这个时间不会去写字读书呀？"说着就把我的玩具扔入了垃圾桶里。

爸爸，您想过我的感受吗？

…………

这是我班明轩写的一篇作文。看到这篇作文时，我能想象明轩爸爸当时的神情和举动。明轩的确很调皮，不论是课堂上还是课余时间。每次因为明轩调皮捣蛋犯下错误时，只要请明轩爸爸来，总会听到他挂在嘴边的一句话："今天回去有他好受的了！"我知道，明轩爸爸打骂明轩是司空见惯的事。所以，明轩怕请家长，更怕请他爸爸到学校来。

明轩这个孩子最大的优点是热心，且足够聪明。只要他肯认真做，就能做对很多题，尤其是阅读题。由于不爱写字，他答题时总会惜字如金，尽管每道题就写了几个字，却总能切中要点。

但他有一个特别要不得的缺点——懒。每次写作业时，能少写几个字就少写几个字；能用一个字完成的答案，他绝对不写两个字；能少写两项作业，他绝对不会选择逃掉一项。

他最迷恋的就是玩。课堂上，文具盒里的那些文具没有他不喜欢玩的，其实也无非就是些尺子、笔、橡皮擦等。课余时间总会看到他在操场上玩耍的身影，每次问到他作业写完了没有时，他总会说："快完了。"实际上一个字都还没写。直到下午各科老师要查作业时，看到同学们一个个都走出教室了，他才掏出本子开始写。

对于这个孩子，有时候真的感觉很无奈。一天，他又没完成作业，我在教室陪着他写，由于写字速度太慢，好久才将当天作业中的错全部改完。和他一起离开学校时，我边走边和他谈心，问他为什么不按时写作业，他找出了各种理由，一会儿说他的本子找不到了，一会儿说别人把他的听写纸撕了，一会儿又说别人把他的杯子扔了。总之，都是别人的错。

想想曾经为了帮助他改掉不写作业、调皮捣蛋的毛病，我费尽了心思，可总是一时的效应。于是，我又一次想到了请家长配合，为了不让明轩感到恐惧，为了避免明轩再次被打，我决定请明轩妈妈偷偷到学校来一趟。

第二天，明轩妈妈来了，我先是了解了明轩在家里的情况。得知轩在家写作业有时一坐就是几个钟头，但却没写下几个字。无奈，每次都是明轩妈妈坐在他身旁守着他写作业，只要他不写作业，明轩妈妈就要拍他的背提醒，他才会动笔继续写。由于从小没有养成自觉写作业的习惯，导致他现在每天都要在家长的催促、提醒、打骂下才能完成作业；由于不愿主动完成作业，所以每晚的作业都要写到很晚，家长累，孩子也累。

为了了解明轩注意力不集中的原因，我问明轩妈妈每晚孩子看书的时候有没有给他递水果、送吃的或是有没有让他跑去开门、拿东西等。明轩妈妈说："他小时候吃饭都是奶奶追前追后喂的，我给他讲故事时他经常是边吃边听。"怪不得现在做作业时一会儿要吃东西，一会儿要上厕所的。找到了明轩贪玩、注意力不集中的原因后，我建议明轩妈妈每天督促其限时做事，规矩做事。吃饭时，不仅要限定好多长时间吃完，而且还要限定吃饭时必须坐端正，不能边看电视边吃饭，要一心一意吃饭。再如写作业时，先要坐端正，书桌上不能有玩具或与学习无关的物品，写作业前根据每项作业量的多少限定时间，如果能提前完成一项作业，可以约定好一些奖励办法，如写完作业后可以看动画片、看漫画书或是让他参加感兴趣的活动等，目的是让明轩意识到学就要学好，玩才能玩好，逐步学会静下心来做好每件事。

我的建议得到了明轩妈妈的大力配合。经过一段时间的督促与培养，明轩改变了很多——上课时，他总能举手回答问题，虽然有时还会懒洋洋地趴在桌上玩文具，但只要我的目光和他的目光相遇时，他便会不好意思地收起文具，坐端正继续听课。他的改变也促进了良好班风的养成，其他几个调皮的孩子也逐渐能够按照我的要求去做了。明轩的改变让我感到庆幸，也让我对改变其他几个调皮、捣蛋、好动的孩子充满了期待和信心。

家庭教育很关键

这天上课时，我让孩子们把昨天晚上写好的信拿出来，先检查格式是否正确，再检查信中有无错别字。巡视指导期间，发现小军昨晚又没写家庭作业。我给他妈妈打电话询问昨晚作业的事，小军妈妈说："他爸见他不写就睡觉去。我一管他，他爸就说不写就不写了。"

每次和小军的家长打电话聊孩子的学习都是无果而终。虽然很无奈，但也不能就此不管这孩子。上课时，同学们都在交流写好的信，只有他一人无所事事地坐着。我见他实在无聊，就给他一本童话故事书，让他先读几遍童话，再选择喜欢的童话仿写一篇。结果两节课后我检查时他只写了34个字。后来，我又领他到办公室，让他继续写。在我的鼓励下，总算写了半页多。我告诉他剩下的中午写完，下午自己读读写的故事内容。他答应着走了。

下午1点时，我看到了小军爸爸在班级微信群发的信息："李老师，子不学怪家长……我美美地打了一顿。"看到他发的微信后我做了回复："请不要总是打孩子了。我今天在办公室开导他写了半页多，嘱咐他中午把剩下的写完，但愿他能听我的话。"

下午到校后，我一进教室就去找小军，他和往常一样——去操场玩了。我让学生去找他，他来了。

"中午发生什么事了吗？"

"我爸爸打我了。"

"为什么打你？"

"我没写作业。"

"你写作业的目的是什么？"

他不回答。我将他拉近身旁，又问了一遍。

"要考上高中。"

"考上高中干什么？"

"能找到工作。"

"你怎样能考上高中？"

"好好写作业。"

"那你先从把今天发生的事写下来开始吧！"

他答应了。于是，我领他去了办公室。他写了初稿，字很乱，但写清楚了事情的大概内容。我一句一句读，读不通时他就"翻译"。读完一句，我就用提问的方式引导他说细节。于是，便有了下面的这篇作文。

我挨打了

今天中午，我高高兴兴地走出校门，刚回到家，妈妈让我站在门口。我心里害怕极了，不知发生了什么事。

站了一会儿，我爸出来了，他脸上的表情看上去非常生气。我被爸爸拉到客厅，又被爸爸拉到我的房间。瘦弱的我被爸爸一把提到床上，然后爸爸把我的裤子脱了，拿出跳绳对折后，使劲一抽——我哭了！我乱动！尽管我乱动，但还是逃不过爸爸的手掌心。

爸爸把我打得落花流水。我哭啊哭！妈妈让我吃饭，我边吃饭边想：以后一定要好好写作业。

在他写这篇作文的过程中，我说："你好好写，写完了我奖励你。"当他写完后，我抓了一大把抽屉里放的瓜子，装到了他口袋里，还说："回家好好想想你家长为什么要打你。"他笑嘻嘻地走了。

因为下班后一直很忙，晚上近11点时我才看到小军爸爸发的一条微信："李老师，请您采取点措施。"

我回复道："首先我不赞成你美美地打他，我也绝不会采用打他的措施强制他学习。今天下午引导他写了中午发生在家里的事，其目的一是让他理解你们，二是让他逐步学会写作文。我在努力改变他的学习态度和学习习惯，我希望你们也能这样去做。"小军爸爸回复了一条："让老师费心了。"我又做了回复："他能写成这样已经超越了自己，值得表扬。请注意你的教育方式，现在还来得及。我们再配合教育，谢谢！"

面对小军这个孩子，我能理解家长恨铁不成钢的心情，但我更同情这个少人关心少人爱的孩子。他很小时母亲就去世了，后来有了现在的继母。和他爸爸相比，继母更关心他的学习。每次他不写作业时，我都会跟他继母联系，而不是他的爸爸联系。因为给他爸爸打电话，不是说"你打他，打一顿就好了"，就是说"他在学校里，你不管让我管吗"。这种情况下，单靠老师的力量转变这个孩子的学习习惯和学习态度，真的很难！这孩子三年级时从别的学校转入我班，在原来的学校就因不写作业小有"名气"。尽管我先后尝试过很多办法，但确确实实收效甚微。

为了了解孩子以前的状况，我和他的原班主任也沟通过。原班主任也说，只要她请家长或打电话，小军爸爸总是一句话："老师，你打他！"便再无后续。可孩子依旧不写作业，原班主任再请家长或打电话，小军爸爸就把孩子打一顿了事。终于，小军爸爸无法再忍受老师一次次打电话，于是就想到了转学。

小军爸爸把所有的希望都寄托在小军身上。在督促教育小军的过程中，我也想了很多办法——鼓励、表扬、奖励、补写作业、单独辅导……但一切办法都只起一时效应。在家时，他爸爸打一次，他完成一次作业，有时也只是应付完成一部分。

由此，我想到了家庭教育。国学大师南怀瑾说："教育从家开始，学校不过是帮一下忙。"无论多好的学校教育都替代不了家庭教育。小军的问题在一年级就陆续显现了，这说明孩子小时候就没有养成良好的习惯。等孩子上学后，家长又将教育孩子的期望全都给予学校，即使学校及老师再努力培养、纠正，也治标不治本。"5+2=0"的事实，就像冬天里的一盆盆凉水，从头浇到脚，冰凉刺骨。小军爸爸既不懂得如何培养孩子的良好习惯，也没想着怎么配合学校老师积极改变孩子的不良习惯，只是将所有的希望都寄托在老师身上。

对于这个孩子，我除了同情还是同情。和同龄人比起来，他又瘦又小。有段时间上课总是请假上厕所，我打电话让小军爸爸带他去检查一下身体，小军爸爸说："没病，他吃得多，那是吃撑了。"在我的强烈要求下，小军爸爸才带他去医院看病。

很多父母总是对学校教育充满种种期待，他们以为家庭教育中的缺失或是遗留问题，在学校教育过程中会得到弥补或纠正，因此对自己的教育方法常常不以为然。说实在的，父母缺的"课"，老师真没法"补"。因为老师面对的是几十个甚至几百个人的群体，不可能帮助每个个体建立最恰当的成长习惯，而且孩子在家的时间远远超过在学校的时间，单靠在校的那段时间要培养孩子养成很好的学习及生活习惯根本不切实际。孩子的成长，父母才是最强有力的依靠。一个优秀的孩子身后绝对有一个优秀的家庭，有一对优秀的父母。

那么，家庭教育中对孩子最好的教育是什么呢?

一是多陪陪孩子。现在的孩子很多是独生子女，他们虽然不缺衣少穿，但他们缺少同伴。很多父母只是满足了孩子们经济上的需求，要什么买什么，但孩子精神上的缺失很严重。有些家长普遍的做法是给孩子一个手机，孩子玩孩子的，家长玩家长的。这究竟是家长陪孩子，还是孩子陪家长? 有些家长总是以忙为借口，把孩子堂而皇之地推给爷爷奶奶、姥姥姥爷或保姆。有数据统计隔代带小孩的成功率不高于30%，因为祖父辈带孩子是隔代亲，大多过于溺爱，经常用"小心点""不能去"这样的语言束缚孩子，阻碍了孩子的创造力和冒险精神。《穷爸爸富爸爸》里有一句话——所谓成功，就是有时间照顾自己的小孩。生育是一种权利，但更重要的是生育之后的责任性。作为家长，既然生了孩子，就要有足够的时间陪伴孩子，就要有培养孩子良好习惯的责任和义务。

二是了解并尊重孩子的兴趣。现在普遍存在的现象是"报班"，不管孩子年龄的大小，不管孩子爱不爱上，不管上课时怎样的形式，只要听到谁家孩子报班了，父母总以"不让孩子输在起跑线上"为由给孩子报各种班，有些孩子甚至从小就报了好几个兴趣班，这些班是不是根据孩子的兴趣报的，家长不得而知。很多家长的想法是只要我花钱了就有老师能培养我孩子的兴趣，即使他现在不喜欢，时间久了自然就喜欢了。殊不知，个人兴趣是由具体的倾向性引起的，与个人的兴趣和成长特点息息相关。所以，父母要尊重孩子，多和孩子进行沟通，正确了解孩子的真正兴趣，还要引导孩子建立良好而长久的目标，让孩子从小将学习和兴趣结合起来，后期通过坚持努力学习使兴趣变为自己的特长。

学会感恩

不知不觉中，已是2017年11月的最后一个星期了。11月23日是感恩节，这一天我过得开心、幸福。在浩然同学的提议下，全班孩子召开了一次以"感恩"为话题的口语交际课。整节课，我又一次做了临时观众，不时给孩子们拍照、拍小视频，将上台参与交流孩子的视频或照片发到班级微信群内，让家长们也听到了孩子们感恩的心声，看到了孩子们的成长，欣赏了孩子们的风采。

整节课，我被孩子们暖心的话语一次次感动着，这节课结束后，一向比较感性的我在班级微信群发了以下内容：

今天是感恩节，感恩孩子们带给我的感动与惊喜！因为孩子们长大了、懂事了！谢谢孩子们！同时也要感谢各位家长，感谢你们五年来的支持与配合！

早上第一节课进行了本单元的口语交际。孩子们自己准备、自主上台。演讲过程中虽有种种不足，但他们敢于挑战自我、敢于当众表达就是一种突破与超越。孩子们需要在各种平台中多多锻炼，继而成长，逐步成熟！如果您的孩子今天上台了或在互动环节中发言了，中午孩子回家后请您给孩子一个拥抱，表扬他敢于上台的勇气以及他的成长！谢谢大家！

今天的作业除了梓涵生病未到校外，其他孩子们的作业都交了。这是感恩节这一天，孩子们送给我最好、最珍贵、最耐人寻味的礼物。感恩——我前行路上能遇到这些孩子们！谢谢孩子们！

当我发完这些信息后，群内陆续有了家长们发的信息，以下摘录几则：

感恩遇到李老师，遇到我们一班这么优秀的三位老师。谢谢你们一直对孩子的教导，无论是学业方面的，还是为人处事方面的，孩子小学的成长都离不开优秀老师一路上的引领，也离不开天天朝夕相处的小伙伴们，谢谢大家！

——子祺妈妈

李老师的教学方式多姿多彩。谢谢您给孩子们提供展示自我、增强自信的机会和平台。在您的培养和引导下，孩子们不断超越和突破自己，感谢相遇，感谢您的付出，家长也在不断成长和完善自己，相遇是缘，感恩有你！感谢五（1）班这个大家庭！

——子祺爸爸

今天是感恩节！感谢每位老师对孩子们默默无闻的付出；感谢每位老师对孩子们孜孜不倦的教诲；感谢有您，感谢相遇、相识、相知！在这个大家庭里，每一位家长在不断地成长，每一个孩子也不断地提高自己。感谢五（1）班的老师们，感谢五（1）班的各位家长们！

——觐博爸爸

感恩五（1）班的老师对孩子们的辛苦付出。感恩不仅是一种情感，更是一种行为表现，是以"寸草心"报"三春晖"的赤子之举。祝五（1）班的老师和同学、家长们感恩节开心快乐！

——笑冉妈妈

先感谢群里的每一位家长，因为孩子，我们相聚在这里；再感谢教授孩子们知识的每一位教师，是你们用知识滋养孩子们阳光、快乐地成长；最应该感谢的是孩子们，是他们让我们的生活变得五彩缤纷。谢谢大家！

贺卡

忘记了最后一则消息是哪位家长发的，但我很赞同这位家长说的"最应该感谢的是孩子们，是他们让我们的生活变得五彩缤纷"。在从事教育工作的每一天中，我收获到的喜悦与幸福远远超过工作繁忙后的无比劳累与身心憔悴。我最大的喜好是善于收藏学生作文、家长留言等，尤其爱收藏学生送的礼物——桌

上的一杯水（我生病时，学生放在讲桌上）、一句祝
福（我生日时，写在自制贺卡上的一句话）、袜子娃
娃（一名学生用袜子做的手工作品）、一双鞋垫（学
生在十字绣兴趣班完成的作品）、一幅画（学生为我
画的自画像）……每每收到这样的礼物时，我都有种
莫名的幸福感。

袜子娃娃

　　在和孩子们相处的过程中，我的生活也平添了许
多乐趣，生活也多了些滋味，或喜或悲，或甜或苦，
或笑或哭，不论是哪一种滋味，都值得回味与咀嚼。
所以，我也要感恩生命中遇到的每一个孩子，是他们
成就了我；还要感恩遇到的每一位家长，是他们协助我成就了更多的孩子。

05 活动促能

元旦猜谜联欢会

转眼间，2015年已接近尾声，按照学校惯例，年末最后一天下午各班都要举行联欢会。每年的12月31日这一天，学生都会吃着带来的各种水果、小吃，欣赏自编自演的节目，不过参与演出的往往只是部分学生。今年我想换一种方式欢度元旦，迎接2016年的到来。为了体现以生为本的理念，让更多的学生积极参与到活动中来，我决定在班上举行一次"猜谜联欢会"。

我记得作出这个决定是在12月28日那天早上，因时间临近31日，又因28日那天早上突然接到学校通知，安排我29日赴帮扶学校永登中堡小学做班主任工作经验交流。想到开展"猜谜联欢会"还有很多准备工作要做，我就在班级微信群发了一则信息：

各位家长：

今年我想换一种方式庆祝咱们班的元旦，打算举行一场猜谜联欢会，想听听大家有何建议。

令我感动的是，消息一发出去，家长群内昊东妈妈首先留言积极响应，后来其他家长也纷纷赞同并主动请缨：有的说要查找谜语，有的说要抄写谜面，有的说要来布置教室，还有的说要来发放奖品……得到家长的认可与支持后，我于12月28日早上完成了一份简单的猜谜活动方案。

为了激励昊东妈妈的热情参与，特委托她做此次活动的总负责人。我将活动方案发给她，让她根据活动方案和其他热心参与的家长一起准备猜谜会所需的各种物品。

之后的两天，班级微信群又一次发挥了桥梁作用——谜面类型等内容由谁搜集整理，写谜语用的纸张大小、颜色，谜面选用什么笔写、由谁抄写，教室内张贴时挂什么绳子、怎么挂、由谁挂，奖品由谁发放，猜谜成绩登记表格怎么设计，谁统计猜谜成绩等问题都是在微信群内沟通解决的。

正所谓"众人拾柴火焰高"，我班首次开展的猜谜联欢活动在各位家长的大力支持与鼎力协助下圆满结束了。此次猜谜联欢活动虽然准备时间紧张，但活动当天的效果非常好。

活动亮点一：奖品

猜谜联欢会如果没有奖励措施肯定无法激起孩子们积极猜谜的热情，可奖品从哪里来就成了棘手的问题。如果购买奖品，没有班费；如果让家长出资购买，肯定不妥……一番冥思苦想之后，我想到了一个两全其美的办法，让孩子们自带奖品。为了避免家长产生误

猜谜联欢奖品

会，为了让家长了解我让孩子们自带奖品的目的，我在班级校讯通平台中发了一则信息：

各位家长：

为了调动孩子们猜谜的积极性，也为了提高孩子们节约、环保的意识，建议孩子们自发准备奖品，奖品为自家闲置的物品，一切采取自愿的原则。请提醒孩子在所带物品上写上自己的名字，相信孩子们带来的任何物品都会给其他孩子留下永久的回忆！

猜谜联欢会当天，孩子们带来的物品种类繁多，颜色各异：有毽子、铅笔、橡皮、日记本、玩具车、布玩偶、杯子、钢笔等。很多孩子在拿自家物品时还特意拿了一些自己喜欢的、自认为很好的物品，可见孩子们多么在意此次联欢会，多么愿意和同学们分享自己的快乐。

活动亮点二：评选最佳猜谜者

为了激励孩子们多动脑、勤思考，我让昊东妈妈在宣读活动规则时特意强调了

"评选最佳猜谜者"这一决定。当我宣布猜谜活动开始后，孩子们便积极参与。由于我们学习的本册教材《语文园地八》的"趣味语文"就是"猜字谜"，当时讲这一教学内容时，我还专门上了一节"猜字谜"的公开课，孩子们对"猜字谜"的方法已有所了解，如"离合法""暗示法""合成法"等，所以他们对"猜字谜"并不陌生。又因为要评"最佳猜谜者"，所以每名学生都借助学过的猜谜方法竭尽全力地开动脑筋，积极思考谜底。

本次猜谜活动中共准备了180则谜语，其中，字谜和生活物品类100则，成语及古诗出处类50则，知识问答类30则。开始猜谜语不大一会儿，兑奖区就排起了长长的队伍。再看看排队的学生，他们个个手中拿了好几张字谜条。孩子们将谜面递给查看谜底的家长时，会大声说出谜底。当核对答案的家长查看答案时，孩子们眼中满含期待；当听到"答案正确"时，他们个个欢呼雀跃。之后边向同学炫耀边站到领奖区排队，不管领到什么奖品，不管奖品的大小，总会数数手里的奖品有几样了。因为一样奖品就代表一分，得到的奖品越多分数越高，分数越高得到"最佳猜谜者"称号的可能性越大。

猜谜活动结束前，家长们统计了每名学生的成绩，每猜对一则谜语就得一分，排在前十名的孩子都将获得"最佳猜谜者"称号。颁奖时，我邀请所有到会的家长爸爸们为获奖学生颁奖，奖品是昊东妈妈提前为孩子们准备的精美笔盒。好有爱的感觉！

活动亮点三：团队合作力量大

本次活动从发出通知到活动结束只用了三天时间。如此高的工作效率，我班微信群的作用功不可没。还记得我在群内发的另一条信息：

各位家长：

咱们班从本月28日开始筹备"元旦猜谜联欢会"，在昊东妈妈、珂菱妈妈、小美妈妈的大力支持与配合下，截至今天，前期准备已就绪。为了活动有序开展，还需要部分家长承担发奖品、维持秩序、照相、摄像、布置会场等工作。在不影响工作或是家中事务的情况下，如果明天下午家长们有空闲时间，请积极参与班级猜谜活动或踊跃承担一下协助工作！非常感谢！

本以为猜谜那天可能只是个别家长来，但那天下午现场的情形是不仅来了很多家长，还有家长为全体孩子买来了新年礼物呢！

英楠妈妈给孩子们买了钢笔，雅萱妈妈给孩子们买了软皮笔记本，笑冉妈妈给孩子们买了棒棒糖，翰雯爸爸、若鑫爸爸、觐博爸爸给孩子们买了橘子、香蕉。

在家长们的大力支持与通力配合下，我们班的"元旦猜谜联欢会"顺利、圆满结束了！此次猜谜联欢会既丰富了学生的校园文化生活，营造了文明健康的校园活动氛围，也培养了学生的创新精神、合作精神和实践能力；既让学生在紧张的学习生活之余放松了身心，也用他们喜欢的方式让他们增长了知识、开拓了思维，又在传承中国文化的过程中感受到了元旦佳节带来的欢乐，充分体验了收获后的喜悦。

元旦猜谜联欢会

乐学做蛋糕

时间过得飞快，去年欢庆元旦时猜谜情境还历历在目，又到了新一年欢庆元旦的日子了。今年学校组织全体学生开展了"庆元旦蛋糕节"活动。围绕学校活动，我将我班活动的主题定为"做中乐，乐中学"。

活动前一天，我给孩子们分好小组，让他们在小组长的带领下分工准备做蛋糕所需的物品。另外，还要提前设计组名、设计蛋糕上要画的图案、准备一些牙签、一块桌布、一条围裙、一个盘子、一些水果等。

早上，我一进教室就看到孩子们已经迫不及待地将所带的水果摆放到桌子上，再看看盘子，已经挤满了各色水果。孩子们有的在吃、有的在聊、有的在看……总之，教室里热闹极了。我提议孩子们给组内设计的水果拼盘起个名字，于是便有了以下的水果拼盘名：欢乐谷、椰岛风情、笑口常开、水果也快乐、百花盛开、五谷丰登、水果乐园、群英荟萃、水果派对、百年好合、水果大爆炸。

各组水果拼盘完成了，接下来该装饰蛋糕了。上午9：30大家期待已久的蛋糕和各色奶油来了。各小组拿到奶油和蛋糕后，我先给大家讲了在蛋糕上用巧克力和奶油画图案的注意事项。该孩子们大显身手了，他们首先用牙签在蛋糕上小心翼翼地画了事先预设好的图案，接着又轻轻地用奶油挤出了图案轮廓。在小组成员的共同商议和筹划下，蛋糕图案也完成了。

终于，在各小组组长的组织下，每组的水果拼盘和蛋糕装饰都完成了。孩子们站到了各自小组的作品处，等待打分环节的到来。我让在场的家长参与其中，给各小组做的蛋糕打分，又让各小组组长依次欣赏其他组做的蛋糕并打分，最后根据各小组的得分情况给各组蛋糕评了奖，学生根据被选出的蛋糕造型及图案特征评出了最具创意奖、最具和谐奖、最具爱心奖等奖项。

做蛋糕

在这次活动前，我曾在班级微信群询问过家长有没有今天过生日的孩子，竟没有一个孩子的生日在这一天。这也正合我意，这样就可以把今天作为所有孩子的生日了。分享蛋糕前，我们集体唱了一首《生日快乐》歌，还让大家闭上眼睛共同许愿。美味的蛋糕被组长们切开了，孩子们端着那一份份融满创意、智慧、爱心与协作的蛋糕，端详着、吮吸着、品尝着。不少孩子将蛋糕端到我面前，让我先吃一口。看着孩子们那可爱的样子，我真不忍心拒绝，于是接过孩子们手里的蛋糕，拿起蛋糕叉，叉起一块蛋糕先喂到孩子们的嘴里。灿烂的笑容绽放在了孩子们的脸上，甜蜜的味道浸在了孩子们的心里。

分享蛋糕

　　孩子们不仅吃蛋糕，还抹奶油呢！我也没有幸免，脸上、头发上、衣服上到处都有奶油。遵仁同学看到我头发上涂了好多的奶油，拿出一张餐巾纸替我擦去了。不止遵仁一个，还有其他孩子。那一刻，我好幸福！因为孩子们是那么爱我！在他们心里，我不是老师，而是朋友、是伙伴。那种感觉真好！

一个值得纪念的日子

今天是12月26日，早晨上班途中听到了安宁区万里厂广播中播报的新闻："今天是毛泽东诞辰123周年的日子……"

我怀着十分崇敬的心情，边走边听新闻。走进办公室后，我迅速打开电脑，播放了一曲《东方红》，我也想在这样一个特殊的日子里用听这样一首歌的方式纪念、缅怀领导中国人民彻底改变自己命运和国家面貌的一代伟人。

"东方红，太阳升……"伴随着这激昂的歌声，我一天的工作拉开了帷幕。

走进教室前，我想好了上课前先问问孩子们知不知道今天是什么日子。其实，我已预想到了结果。

"孩子们，你们知道今天是什么日子吗？"孩子们纷纷举手，抢着喊道："圣诞节""狂欢夜""平安夜"……总之，没有听到一个人说到毛泽东诞辰日的。

我不再说话，而教室里却热闹得很——学生并没有因为我不言语而停止相关争论。我听了许久，但没有阻止。

直到他们争论的声音小了，我又问了一句："今天除了是圣诞节外，有没有同学知道今天还是什么日子？"和先前的争论相比，此刻教室里异常安静。我四处寻找举起的手，总算看到了一只。那个男孩说："今天也是毛泽东诞辰的日子！"我欣慰地说："请同学们把掌声送给浩然同学！"于是，我打开多媒体为同学们播放了一首童声版的《东方红》，并建议同学们边听边学唱。那天晚上，我还留了一项作业，在父母的手机上下载并学唱一首红歌。这样做的目的除了教育学生缅怀英雄外，还想让家长在看到孩子们有这样举动的同时也能唤起他们对无数英雄的敬仰，对幸福生活的感恩。

值得思考的是，一个个洋节竟然抢占了中国人的生活，而对我们中国的名人、节日却了解得不多。

　　基于部分小学生中也存在"崇洋媚外"倾向的这一问题，所以，我提议那个学期期末考试后的综合实践活动以"走近伟人"为主题。因为活动连续要开展三天，所以，我们的活动方案紧紧围绕伟人按照半天一项主题内容进行设计。孩子们通过"讲伟人故事""诵伟人诗词""写伟人诗词""唱伟人歌曲""观伟人电影""做伟人手抄报"等形式多方面了解了相关内容。此次活动中，学生们既初步了解了革命历史，也真切意识到当今幸福生活的来之不易，从而更加珍惜现在的幸福生活，下定决心努力学习，立志将来要成为一名优秀的公民。

第一次综合实践活动

今年的安宁区和往年相比，引来了很多人的关注——因为安宁区早在12月28和29日就结束了寒假前的期末考试，元旦放假归来就是集中三天的综合实践活动。这一举措引来了无数孩子和无数家庭的称赞。和其他区的孩子相比，安宁区的孩子和父母们一起度过了轻松、愉悦、快乐的元旦。这一举措令兰州市近郊各区的孩子和家长们感到无比的羡慕。提前考试的目的是集中开展三天综合性实践活动，以落实素质教育。综合性实践活动期间，各学校根据本校的特点和各年级学生的年龄特点选择适合的实践项目，制定活动方案，准备活动资料，开展实践活动。

学校要求各年级商议选择一个主题开展实践活动。我因之前在班内做过一项小调查得知很多学生并不知道相关伟人的诞辰日，也由此推断学生对相关伟人的了解肯定不多。于是，我向组内老师提议我们年级的实践活动主题定为"走近伟人"，组内老师经过商议后一致同意了。此次主题实践活动共分六个版块——"讲伟人故事""诵伟人诗词""做伟人诗词手抄报""书写伟人诗词""看伟人电影""家长讲堂"。

今天是综合性实践活动的第一天，我们班进行的是"讲伟人故事"。在活动之初，我先将学生分好小组，让学生自己推选组长，再由组长分配各项任务。为了避免学生搜集的故事有重复，我将学生要搜集的伟人故事按照年代进行了区分。在今天上午的交流中，我先让学生在小组长的带领下逐个讲故事，讲完后各组成员在组长的带领下进行评价，并商议由哪一名或是哪几名学生代表小组上台讲故事。在集中展示讲故事的过程中，很多组选派的代表都讲得绘声绘色，而且有些组还合作讲故事，在他们的讲述中，孩子们对一代伟人有了更多的了解。

　　"诵读诗词版块"不仅仅是在教室里，还延伸到了家里，不仅仅是看着大屏读，还能借助微信群展示。我让孩子们在微信语音中录自己诵读的内容，很多孩子都积极参与，不少孩子还读了好几篇。我想：这样的方式不单是孩子们在读，家长也定会在背后默默支持或是积极参与，有的家长可能会给孩子们示范读，有的家长也会给孩子们搜集相关诗词。

　　很多时候，一个孩子的行为能带动一个家庭。孩子们参与的热情也极大地激发了家长们参与的兴趣，他们听孩子们讲伟人的故事，和孩子们一起读伟人诗词，教孩子们唱红歌，陪孩子们看红色影片……陪伴孩子是一种乐趣，更是一种幸福。家长们在了解伟人、学习知识的同时，也感受到了最长情的告白是陪伴。

　　此次活动中，孩子们在讲故事、看影片、唱红歌、写书法字的过程中，了解了一代伟人的丰功伟绩，感受到了今天幸福生活的来之不易，学会了正确面对成长路上遇到的挫折。

我们去植树

四月，春风漾漾，杨柳依依，细雨沥沥，是植树造林的好时候。

4月15日，由共青团兰州市委主办的以"大手牵小手，共筑绿色梦"为主题的"兰州共青团2017年春季植树活动暨'雷锋林基地'建设启动仪式"在兰州市九洲开发区3000亩（约相当于2000100平方米）绿植区域举行，来自全市各行各业的青年代表、小学生及家长共计290余人参加了此次活动。我带领班上的部分孩子和家长也参加了此次义务植树造林活动。

早上，淅淅沥沥下了一夜的下雨丝毫没有停下来的意思，这细雨对于大地来说贵如油，但对于早早起床准备好要去植树的孩子们来说有的只是"抱怨"——怎么偏偏今天下雨啊！一条"今天的活动等消息"的通知让所有的孩子和家长对此次植树活动再次充满了期待。

9：30左右，雨总算小了些。"植树活动继续"的通知来了，大人孩子兴高采烈地涌向早已排列整齐停放在马路边的车队。这些车全都是班上的家长们自备的，而且每辆车窗前方早已贴好序号，之后十余辆私家车列队向目的地出发了。

30分钟后，车子停在了离植树地不远的山脚下，家长们扛着铁锹，孩子们唱着歌儿向山上走去。简单的启动仪式结束后，植绿护绿活动开始了。顷刻间，植树现场呈现出一派热火朝天的景象，青年、家长和孩子们都热情高涨，干劲十足。山坡上送苗的送苗，挖坑的挖坑，扶苗的扶苗，培土的培土，个个忙得不亦乐乎。大家分工协作，埋头苦干，短短时间内，共栽种火炬、刺柏等树苗约600余株，之前光秃秃的山顿显生机。此次植树活动还专门为大家准备了心愿寄语卡，每栽种好一棵树苗，栽种人就会写下寄语，挂在树苗上，寄情于树，让自己美好的期待与小树苗共同成长。

孩子们在植绿过程中不仅体会到了劳动的乐趣，还增强了环保意识，更重要的是意识到了植树是一种义务，更是一种责任。如果人人都能参加植树活动，年年都能坚持植树，绿色便会覆盖两山。

活动结束后，我在班级微信群又一次向大家发出了倡议——大手牵小手，从自身做起，从小事做起，积极投身植树护绿和生态环保公益实践活动，争做生态文明的传播者、实践者和守护者，为建设秀美兰州贡献出自己的力量，共筑绿色梦。相信在更多人的努力下，兰州的天空定会更蔚蓝，空气定会更新鲜，景色定会更美丽。期待着我们的家园能像百花盛开、芬芳迷人的花园般招"蜂"引"蝶"，也期待着更多的游客来兰州旅游。

植树活动合影

跳绳比赛

今年学校运动会新增了一个比赛项目——跳绳，有跳小绳，还有跳大绳。因这学期学校要求每天课间操时全校师生都要参与跳绳活动，所以现在大部分孩子都能熟练地跳小绳。但跳大绳比赛从未开展过，故而孩子们也是初次参与这项运动。

为了让孩子们在赛场上能熟练进出大绳，取得优异成绩，比赛前，我组织学生在操场上进行了练习。因为跳大绳这项运动对孩子们来说着实新鲜，自然参与的积极性就特别高。当我刚说完选拔跳绳队员，学生便一股脑儿挤到我身边争先恐后地要参加比赛：有的学生使劲把手举得高高，有的学生大声说"老师，我——我——我"，还有的学生拉我衣袖……我见站在身旁的孩子们个个跃跃欲试、信心满满的样子，真不愿阻止某个孩子，于是全员参与的跳大绳活动开始了。

大绳甩起来了，从高处落下，敲打在地上发出"啪啪"的声音。绳甩过了一圈又一圈，但孩子们只是探头探脑，脚步却不敢前行。望着那粗粗的绳索，听着那"啪啪"作响的声音，孩子们先前的兴奋劲儿一下子泄去了。之前拥堵在跳绳周围的学生离绳越来越远，有些学生甚至悄悄往后退，有个别胆大的学生勇敢地站在了甩动的大绳旁，但望着那一圈一圈划过的大绳，这些孩子也都望而却步。跳绳几次划过他们眼前，他们都一躲又一躲，一闪又一闪。躲闪中，跳绳已从空中划过了多次，跑进那条大绳下的学生却寥寥无几。好不容易有几个胆大的学生进去了——不是进的时候被绳打到身体部位，就是出的时候被绳绊倒。看到这样的情形，我很担忧，万一伤到孩子们怎么办？更重要的是有些急躁，这怎么能选出参加比赛的10名学生呢？

之后，我想到了理论指导，于是说了好多怎样进、怎样出的办法，但敢于果断进出的孩子并没有增加几个。我站在一旁边甩绳边强调，但无论我怎么说、怎么重复，都收效甚微。

我开始反思自己的引导方式和方法——我的指导过于理论化了，我操之过急了。于是，我便指导学生先从进绳、出绳练起。为了避免绳子伤到孩子们，我将跳绳放在地上，让甩绳的学生站在绳子的两端，将动态的跳绳暂时静态化。我边示范边引导孩子们分析从哪里进、进到哪个位置最安全，从哪里出最容易，也更利于后面的同学顺利进入。我还示范了若是从刚进入绳的部分就起跳，会有什么不好之处——既容易被绳打到自己，因为这个位置绳的高度最低，还不利于后面的学生进入。讲完这些注意事项后，我让他们绕着地上的绳子练习先跑进跳绳下，再找到最佳位置起跳，最后跑出跳绳……孩子们就这样一遍遍地练习着。

之后，跳绳又一次被甩起来了，站在跳绳外的孩子们不再像先前那样惧怕挥动的大绳了。他们试探着进入绳下，部分孩子顺利通过了，部分孩子在绳外犹豫片刻后也突破自我跑进了跳绳下，但顺利跑出绳子的只是个别。因为进入跳绳下迟疑和犹豫的那一刻，绳子就落下来了。还有个别学生根本就不敢进，我鼓励了多次还是在跳绳外探头探脑、躲躲闪闪。情急之下，我想到了带他们一起跳的办法。我先是拉着一个女孩的手，告诉她不要害怕，让她跟着我一起跑进绳下，听到我说跳时再起跳，最后被我领着跑出绳外。就这样，我拉着先前不敢进入绳下的孩子——跑进绳下、起跳、跑出绳外，这看似简单的"三部曲"，既让孩子们学会了战胜恐惧，又让孩子们在实战中找到了最佳起跳位置。

下午，再到学校时，我看到学生已经在操场上练习跳绳了，而且大部分孩子都能大胆进入绳下了。看到我走来，孩子们和我打招呼，我也跟孩子们打招呼。

一个女孩问我："老师，您嗓子怎么哑了？"

"上午给你们纠正动作，说话太多了！"

"老师，您吃点药！"

"嗯嗯！下午你们自己练，我就不过来指导了！"

"嗯，您放心，我们一定能练好！"

下午放学后，我在操场看到了练跳绳的孩子们。他们一个接一个，有序地进入绳下，高高跳起，快速跑出绳外；下一名同学也熟练地跑进绳下，灵活地跳跃，敏捷地跑出，一个接一个，鱼贯而入而出……旁边围观的孩子们高声数着："1、2、3……30……40……—131。呀，只跳坏了一次。"孩子们绕"8"形轮番进入，一连跳了131个，中间没有出现空绳、坏绳现象。其他班的孩子们也被吸引得纷纷跑来驻足观看，啧声连连。

看到这一幕，我既高兴又惊奇，短短半天时间，孩子们是怎样做到的？后来，办公室一位老师告诉我她看到的一幕——原来，我教完跳绳的方法、领他们进入绳下体验后，孩子们反复进行了练习，在自行练习时他们用了我教的方法——将绳平放在地上绕绳练习"三部曲"，跳得好的孩子拉着不敢进的同学一起跳。听到这位老师的话语后，我顿感欣慰。

此次比赛活动中，孩子们不光学会了跳绳，还学会了怎样总结经验，在帮助其他同学的过程中，运用学过的方法提升了学习效率，更重要的是通过比赛活动拉近了我与学生、学生与学生之间的距离，锻炼了学生的身体，磨炼了学生的意志，增强了集体荣誉感和班级向心力。

一次演讲活动

晚上浏览微信朋友圈时，看到一位同事发了这样一段话——

面对女儿第一次在新环境里参加的全区演讲比赛，因为我忙碌了一些琐事，没有给她什么指导，仅凭她自己的努力落幕赛场。

下午匆匆赶回来，看到了兴致不高的女儿，她嘟着嘴坐在桌前写作业。没有了往常的叽叽喳喳，没有了平时赛完后的各种感受的描述！问她怎么了，什么也不说，就说没事，但我看到的却是她满脸的失落与不高兴。

就这样，我们各自在自己的世界里僵持了好一阵，她才拿出了今天比赛后颁发的奖状和奖品，埋怨我没有给她配乐，没有像另外两名同学的家长那么重视那么给力……我欣然接受女儿的责怪，也怪自己在她人生的很多个第一次里给予的帮助和陪伴少之又少！恰逢今天又有事……所有的所有，都是她自己去做，真的是无口可辩。

在此，真诚感谢亲爱的李老师辛勤的付出！感谢她阿姨悉心的照顾（学校另一位同事）！虽然女儿对自己的这份收获并不满意，也对我有很多的怨言，但我真得感谢你们！

以后的日子里，我会努力去做好，也希望女儿一天天地把最精彩的一面展示给大家。

这是我校这学期4月初新调来的一位老师发的，语段中提及的女儿也随这位老师的到来转到了我班。虽然在新环境的时间不是很长，但从她的表现来看，这孩子学习很自觉，而且上进心很强，对自己的要求也特别高。虽初来乍到，但能很快适应新环境。当我问及她想不想参加我工作室开展的"我最喜爱的历史人物"演讲比赛时，她毫不犹豫地说："想！"于是便有了前面提到的那位新老师发的微信朋友圈。

　　2017年4月25日下午，我工作室举行了"我最喜爱的历史人物"演讲比赛活动。此次活动的参赛辐射面较广，来自安宁区、城关区9所小学的27位选手参加了比赛。活动在我班两位小主持人的主持下有序进行，在场的评委老师、学生、家长被孩子们热情洋溢的演讲吸引着，被历史人物的故事感动着，会场内不时传来了热烈的掌声。当所有选手参加完比赛、评委老师点评后，到颁奖环节了，孩子们都站定翘首企盼，希望自己获奖并得到一份奖品——书。奖品发完了，有的学生不甘心地走向发奖品的老师，问道："老师，我没有获奖吗？""没叫到你的名字就没有获奖！"那学生一脸失望，那位老师鼓励道："重在参与，下次继续努力哦！"

　　从孩子们的表现中可以看出，他们很重视这次比赛活动。但正因为是比赛，就意味着要分出等次。一次普通的比赛，让我想到了人与人之间的竞争，虽然对于每一个孩子们来说过于残酷，但不得不面对。孩子们能从小勇敢面对学习和生活中的种种竞争，便是一种积极、阳光的生活态度。因为人生中要经历的竞争太多太多，正是因为有了竞争，才促使更多的孩子们积极进取、日渐优秀；正是因为有了竞争，人类社会才会发展进步，国家才会更加繁荣富强。

寓教于乐的研学旅行

研学旅行是由学校根据区域特色、学生年龄特点和各学科教学内容需要，组织学生通过集体旅行、集中食宿的方式走出校园，提升中小学生的自理能力、创新能力和实践能力的集体活动。开展研学旅行，有利于促进学生培育和践行社会主义核心价值观，有利于推动全面实施素质教育，有利于引导学生主动适应社会，有利于增强学生的团队荣誉感。

本学期开始，我校携手《读者》集团开启了研学旅行活动。9月22日早晨，举行了第一期"读行临夏"研学活动开营仪式。我所在年级的百余名师生跟随研学营的研学导师开启了为期两天一夜的"读行临夏"研学旅行活动。

营员们参观了刘家峡水电博物馆，体验到了深厚的黄河文化底蕴，感受到了黄河治理历程的艰辛和水利事业的雄伟，了解了永靖文化及三峡美景；走进了临夏州无公害设施蔬菜生产基地，学到了农业科普知识，见到了许多新鲜的无公害蔬菜，品尝了亲自采摘蔬菜的乐趣；参观了和政县古动物化石博物馆，看到了世界及国内罕见的铲齿象、三趾马吉和政羊等哺乳动物的化石标本，很是震撼；游览了八坊十三巷，欣赏了木刻工艺的精妙，感受到了劳动人民的勤劳与智慧。

9月22日早晨，孩子们带着对研学旅行的期待和憧憬而去。9月23日晚上，孩子们带着对研学旅行的满意和留恋而归。此行，孩子们走出校园，在研学旅行中感受不同地方的传统文化，在与平常不同的生活中拓展了视野、丰富了知识，加深了与自然和文化的亲近感，增加了对集体生活方式的体验，提升了生活自理能力、创新精神和实践能力。此次活动在广大家长中也引起了热烈反响，当看到随行老师发在班级群内的孩子们研学途中的照片时，很多家长纷纷在班级群内留言称赞学校开展研学活动的举措。

　　"这是一次非常有意义的集体活动，孩子们增长了知识，开阔了眼界，锻炼了自理能力，增强了集体荣誉感，懂得了团队合作的强大力量。孩子们很棒，加油！老师们辛苦了，非常感谢学校能组织这样的活动！

　　"我们总是说让孩子们快乐成长，但如何让孩子快乐地成长一直困扰着我。女儿第一次离开父母的保护，第一次独自在家以外的地方过夜，这对孩子和父母都是一种锻炼。两天一夜的旅行让孩子在快乐中锻炼了自理能力，强化了团队精神，开阔了眼界，增长了知识。感谢学校和主办方提供的本次活动，感谢老师们的辛勤付出，谢谢你们！"

首次辩论会

这学期开学的第二天，我正在办公室批作业。

"李老师，我想组织班上同学开个辩论会！"听到声音后，我停笔抬头，原来是我班的夏同学。

"好啊！不过现在刚开学，太忙了，过段时间再说吧！"

"嗯嗯，知道了！"夏同学带着满脸的喜悦一蹦一跳地离开了办公室。

只有我最清楚，我言语中隐含的是表面应付她一下，以拖延时间的办法让她忘却此事。因为真的忙不过来，又不好直接推辞，以免挫伤孩子的积极性。

临近清明节放假前几天，依旧是在办公室。一个甜美的声音又在我耳边响起："李老师，我想问您点事！"单凭那悦耳的嗓音我就知道来者是夏同学。

因为忙于批作业，我并没有抬头，只是说："说吧！"

"李老师，我想问问您这几天有没有时间？"

听了她的问话，我很纳闷，于是抬头看了看她，说："要干吗？"

"我是问问辩论会能不能开了？"

我一时语塞，竟不知说什么，因为我早将这事儿给忘了。

见她一脸的认真样，我又一次应付道："你先选辩论主题吧！"

"我已经选好了。辩论主题是'上网好不好'。"

"哦，那还要选辩手呢！"

"正方和反方辩手我也选好了！"

"哦，那你安排吧！"

…… ……

过了大约两天，我想起了辩论会的事，就问夏同学："辩论会准备得怎么样了，打算什么时间开展？"

夏同学不假思索地说："时间定在下周星期三下午的第一节课。"

我赶紧走向课表，想再次确认周三下午第一节是什么课，夏立即补充道："是您的绘本课！"

我还能说什么呢，她选择我带的一节课作为辩论会的活动时间是再合理不过了。

…… ……

清明放完假上班的第一天。上完课间操，我和全班同学走向教室的途中，夏同学凑近我又主动搭讪："李老师，辩论会下午举行！"要不是她提醒，我早就忘了这件事了。

"你都安排好了？"

"嗯，主持是珂菱，计时员是梓涵。"

我先是愣了一下——她竟然没和我商量。不过所选的两个孩子倒是挺合适的。我也只能说："哦，那就好！"

中午近1点时，接到夏同学打来的电话，她提醒我别忘了请评委，要么是3位，要么是5位。下午，当我走进教室时，夏同学早已安排学生将桌子进行了摆放，虽然和我想的不一样，但至少能看出她想到了活动前的各项准备工作。

下午一上课，辩论赛顺利开始了。计时员认真负责，主持人机智幽默，辩手们据理力争，啦啦队掌声不断……一场完全由夏同学策划的活动顺利结束了。

厉害了，夏同学！小小年纪的她竟一人操办了全班的第一次辩论会活动。从策划到内容选定，从确定辩手到活动安排，从辩论环节再到评分设计表，从计时员到评委老师，她考虑得极为周全。我仅仅作为被她确定的评委之一参加了辩论会。整场活动，我只是评委、只是观众、只是见证者。孩子们的精彩表现令我佩服不已。

有一种信任叫放手！当我们完全信任孩子，把权力下放给孩子们时，他们或多或少会带给我们惊喜。更大的惊喜是来自孩子们自身，一次活动的策划对一个孩子来说是相当困难的，因为所有的问题她都要考虑到，还要事先想好解决问题的办法。如果每个孩子都有一次或是几次这样锻炼的机会，这对于他们来说真的是福音。

辩论会场景

小记者在行动

记"勿忘国耻，振兴中华"班会活动

2017年11月23日早上8：30，在李霞老师的组织下，我校五（1）班师生开展了"勿忘国耻，振兴中华"的主题班会。

班会在主持人珂菱同学声情并茂的演讲下开始，接着，很多同学都表达了自己的爱国之情。其中，文垚同学的演讲声情并茂，子祺和浩然的演讲更激发了我们的爱国情怀，明轩、骆蕊等同学的演讲也给我们留下了深刻的印象。

通过开展此次班会，旨在让我们能把国耻铭记在心，成为一种动力，好好学习，振兴中华，同时感恩我们今天的幸福生活。

这是我班孩子大新同学写的一篇报道。他是甘肃广电小记者万里分站的小记者之一，我是甘肃广电小记者万里分站的辅导教师之一。

记得那次开展"勿忘国耻，振兴中华"演讲活动前几天，我给全班孩子留的一项作业是自愿准备演讲稿。当天的演讲活动由珂菱同学主持，但具体哪些同学参加演讲，主持人事先也并不清楚，这给主持人带来了很大的挑战。因为一旦没有人上台演讲，就得看主持人的积极调动了。

班上的每次活动我都在场，不过不是在讲台上，而是在教室后面，所以很多时候大家看到的照片中都没有我，因为照片是我照的。我用镜头记录了孩子们上台演讲的瞬间，为了和家长们一起见证孩子们成长的足迹。

那天，我将孩子们上台演讲的照片发到了班级微信群。没想到，我不经意的举动竟成了有敏锐洞察力的小记者大新的新闻报道线索。那天晚上，我看到了大新

爸爸发给我的报道稿，他说让我先看看是否合适。打开报道稿的那一刻，我惊喜不已。透过那简短的文字，班级早上演讲的瞬间又一次在眼前呈现。这是自甘肃广电小记者万里分站成立以来，我校第一位小记者的第一篇报道。我将报道稿发给了甘肃广播电视台记者，编辑审稿后让我转告大新同学准备好文字录音。第二天中午，大新同学便在家长的配合下完成了录音工作并发给了我。我又一次转发给了记者。结果是大新同学的报道在甘肃广播电视频道播出了。

之后，我班佳柠同学介绍学校研学活动的报道也被播出了，这段报道中首次有了小记者出镜采访校长的视频，这令很多同学羡慕不已。

一起看看甘肃广播电台播过的一则由我班学生佳柠发的报道：

安宁区万里小学开展研学活动啦
甘肃广电小记者万里分站小记者　佳柠

本学期，安宁区万里小学携手读者杂志社联合开展了"读行临夏"活动。万里小学以临夏为研学基地，挖掘临夏州丰富的自然景观、非遗文化、古生物遗迹等资源，设计了三期"读行临夏"的研学活动。2017年9月22日至23日，五年级同学参加了第一期研学活动。

在这两天的研学活动中，我们收获满满，既增长了见识，又增进了同学之间的友谊。研学之旅，留下了我们的歌声与欢笑，也见证了我们的足迹与成长。

目前，万里小学的研学活动已经成功举办了三期，这项活动也得到了社会各界的广泛赞誉。学校最初为何会想到以这样的形式组织实践活动呢？让我们一起去听听万里小学柴校长（副校长）是怎么说的吧！

…… ……

柴校长，谢谢您！我们期待着第四期的研学活动能带给我们更多的知识与快乐，非常感谢您接受我的采访！

自那以后，我班的小记者们便跃跃欲试，有很多小记者尝试着写学校各种活动内容向甘肃广播电台发新闻报道。在参与小记者报道的过程中，孩子们逐步养成了留心生活、观察生活的良好习惯，逐渐提升了敢于发表观点、乐于表达的能力。

小记者采访校领导

拍贺岁视频

1月5日，我收到了甘肃广电马编辑发来的消息，建议各校小记者辅导老师在条件允许的情况下，组织各分站的小记者们集体拍贺岁视频并发给他们，截止日期是1月12日。收到此消息时，孩子们已暂时在家休息，返校时间是1月11日下午。

我能见到所有小记者的唯一时间就是1月11日下午。于是，所有的准备工作只能在微信群内进行了。我先在班级小记者群内转发了广电记者发的要拍贺岁视频的消息，然后建议所有小记者们动动脑、练练笔，自己写好贺岁词后发到小记者群内。之后陆续看到了我班小记者们发来的贺岁词。为了表扬和激励孩子们，我在小记者群内做了回复：

各位小记者们：

我看到了你们写的新年贺词，不过最终用谁写的贺词暂时保密。明天下午到校时请大家穿漂亮的衣服，如果家中有红灯笼、吉祥狗等物品可以带上，咱们营造一些喜悦气氛。有时间的家长可以来指导或出谋划策，总之一个目标——出彩万里娃！贺岁视频播出时会让观众朋友们眼前一亮，记住万里分站的小记者们，并为你们点赞。

收到小记者们发来的贺岁词后，我反复读、反复斟酌，最后选定了三名学生写的贺岁词。我将这三名学生写的贺岁词进行拼接完善后，打印好了最终的贺岁词。1月11日下午，孩子们领完试卷和通知单后，我将事先打印好后的贺岁词发给了各位小记者，聪明的孩子们很快能熟读并较为流利地背诵了。

在孩子们背诵贺岁词的时候，我和家长根据贺岁词内容商量了人员分工和队伍编排。一切准备就绪后，进行了第一遍彩排。可能是初次面对镜头，孩子们显得很拘谨，表情木讷，声音胆怯。我把看到的情况向孩子们做了反馈，一遍遍地激励孩子们要表现出欢快、喜悦的气氛来。但我说起来容易，学生做起来就没那么容易了。有家长建议让孩子们先看看彩排中拍摄的视频，再以观众的身份说说哪些孩子看上去很喜庆，能带给大家欢乐。没有比较就没有鉴别，孩子们透过镜头清楚地看到了表情自然、笑容满面的学生带给大家的愉悦，也清楚地看到了表情严肃、极不自然的学生带给大家的视觉落差。

看完视频后，我让孩子们练习露出牙齿微笑的表情，紧接着又进行了彩排。在一遍遍的彩排中，孩子们表现得越来越熟练、越来越自然、越来越自信。

因贺岁视频中还缺少一副对联，故决定第二天下午两点进行正式拍摄。为了提升拍摄整体效果，我要求孩子们全都穿校服。

由于前一天的练习扎实有效，第二天的拍摄也顺利了许多。大家看到照片中的"新年新气象，越办越辉煌"对联了吗？那漂亮的毛笔字出自我班一个孩子的爸爸之手。当天下午，他本来要去送孩子上课的，因我们拍摄贺岁视频的需要，他从家里拿了书法用品赶到学校写完对联后才去送孩子上课。很感动，也很感激！自从担任这个班孩子们的班主任以来，我一直觉得自己被幸福包围着！

新年贺词

　　最终，我们班拍的贺岁视频被甘肃广播电视台选用了。当孩子和家长们从电视中看到孩子们喜笑颜开的样子时，开心极了。此次拍摄贺岁视频不仅让更多的人知道了万里小学，也让更多的孩子多了一次锻炼、成长的机会。

小主持人成长记

还记得有一天学校广播站通知，让每班派两名学生去参加大课间领诵主持人的选拔，我班的怡婷和浩然同学踊跃参加了。因为事先我们都知道学校大课间要朗读《少年中国说》，于是，我在他俩去大队部之前就给了他们《少年中国说》，叮嘱他俩先认真读几遍，之后一定要在老师面前大胆地领诵，把最好的一面展示给大家，尽量做到能被选上。大约半个小时后，两个孩子笑眯眯地回来了。

怡婷大声地告诉我："李老师，我俩都被选上了。大队部李老师还夸您呢！"

"哦，为什么要夸我？"

"大队部老师夸您每次都想得非常周到。今天又提前给我们准备了朗诵的稿子。"

我不好意思地笑了。但得知他俩都被选上了，我心里真是乐开了花。之后，两个孩子每天的大课间操就开始领诵《少年中国说》。第一天开始领诵，他俩一开口，学校老师都被惊呆了，因为两个孩子的领诵确实铿锵有力、抑扬顿挫。这让所有的老师和学生看到了他俩优秀的另一面——朗诵得极好！

他俩的主持人经历自此拉开了序幕。临近六一时，学校每天都在排练节目，大队部也在物色六一演出的主持人，最后筛选了四位主持人，不过没有我班的孩子。

今年的六一，我们班编排的舞蹈是《俏花旦》，怡婷和浩然都要参加这支舞蹈表演。记得那天早上，学校在进行六一演出前的彩排，我们班也提前在操场上练习舞蹈。突然，学校一领导让我们班怡婷和浩然两名同学到主席台前去一下。当时，我并不知道他们要干什么。后来得知，学校在彩排时发现原先选定的四位主持人的主持效果不是特别好，就叫我班的两个孩子去试一试。结果两个孩子表现得很出彩。最后，学校临时决定怡婷和浩然也作为主持人和之前选好的四位主持人一起主持六一演出活动。

接到主持任务后，我给家长打电话让两个孩子下午去准备主持的服装。一下午的匆匆忙忙，给力的家长们准备好了孩子们的主持服装。

第二天一早，两个孩子以崭新的面貌站在了六一的主持台上。虽然初次以主持人的身份登上学校的大舞台，但两个孩子的表现特别给力。男孩绅士、自信、阳光，女孩美丽、优雅、大方。初次主持就给在场的老师、学生和家长留下了深刻的印象。

是金子总会发光的，一旦它发光，照亮的绝不仅仅是身边的某一块地方，它散发的光芒定会照射到各个角落。之后，在学校组织的"朗读者"比赛中，怡婷和浩然同学又被学校指定为主持人。一次次的主持经历使他俩越来越优秀。

接下来的6月中旬，区教育局组织了足球开赛仪式，在这次盛大的开赛仪式上，担任主持的又是怡婷和浩然两名同学。这次任务依旧来得很突然，第一天中午接到主持通知，第二天早上就是开赛仪式。面对这样一次级别高、场面大、参加人数多、主持稿件长的艰巨任务，两个孩子欣然接受，在苦练了一下午后，成功主持了那次盛大的活动。

孩子们最需要的就是在一次次历练中苏醒、成长、茁壮。正是因为他们有了之前一次次的历练，才有了更高平台上的处变不惊。教育就应该为给孩子们搭建更多成长的舞台而努力！

"一本书"主题研学活动

盼望着，盼望着，2018年1月2日终于来了！孩子们在轻松愉快地度过了辞旧迎新的元旦节后，终于迎来了期盼已久的三天综合实践活动。

一条河、一碗面、一本书——这就是兰州。为了让孩子们进一步了解兰州的本土文化，激发孩子们热爱家乡的情感，学校分年级组织了"一本书"研学活动，我班于1月3日参加了此次研学活动。

早晨，雪纷纷扬扬还在继续，但我们的活动并没有因为雪的到来而取消，简短的启动仪式后，孩子们整装待发了。虽然天气着实寒冷，但阻挡不了我和孩子们内心的喜悦与参加研学的热情。

活动第一站：我带孩子们走进了敦煌艺术馆

敦煌莫高窟令人心驰神往——那宏伟的建筑、精美的图案、飞天的壁画、反弹的琵琶……早已闻名遐迩，使人叹为观止，曾引起无数人的无限遐想。令人欣喜的是，今天我们不离开兰州也能将这一夙愿实现了。走进艺术馆，孩子们通过聆听导游姐姐讲解、认真观察壁画、戴VR眼镜体验洞窟三D图、戴耳麦边听讲解边看壁画视频等方式看到了复制的石窟壁画，听到了石窟壁画中的故事，通过高科技艺术欣赏了洞窟三D图，既观赏品味了前人留下的这座规模宏大的艺术宝库，又领略了中国文化的博大精深，还感受了中国人民的智慧。

活动第二站：我带孩子们走进了读者出版集团

《读者》是兰州人纳收天下的智慧，其月发行量居亚洲第一，世界第三。西北一隅的这份文摘杂志，讲述了无数温情的故事，润物无声地影响了一代又一代的读者。同时，这本杂志也在读者群的拥戴下，渐渐地成长、壮大起来，成为中国著名的文化品牌，也成为甘肃的一份骄傲。来到读者出版集团门前，我们合影留念后走进集团会场，先聆听了《读者》杂志社温编辑的精彩演讲《阅读，让成长更精彩》，接下来参观了读者出版集团历史展厅。在读者出版集团历史展厅，孩子们不仅感受了这本杂志深厚的积淀与岁月带来的荣耀，也激发了他们不断读书的兴趣。

活动第三站：我带孩子们走进新华印刷厂

在印刷厂讲解员的带领下，孩子们亲眼见证了一本书炼成的过程——制版、印刷、装订。每一个工作车间、每一个工作环节都有很多的工人叔叔在认真地工作，这才有了一本本准确无误、配图精美的书本。当孩子们亲眼看到下学期要用到的课本正在一本本地被装订好时，我很欣喜，也很感激那些辛苦付出的叔叔阿姨们。

此次"一本书"主题研学活动贯彻了《中小学综合实践活动课程指导纲要》精神，深化了基础教育课程改革，让学生在研学的过程中拓展了视野、丰富了知识、了解了社会；培养了学生的集体观念、团队精神；增强了学生的社会责任感、创新精神和实践能力。更为欣喜的是孩子们回到家后不仅完成了研学任务单，还自己写稿、输字、选择照片制作了研学美篇，这不正是综合实践活动课程对提升学生综合素养所起到的积极作用吗？

一节主题班会

在学习人教版五年级上册"父母的爱"这一单元时，我让孩子们学写赞颂父母之爱的诗，学唱歌颂父母之爱的歌曲，背诵写父母之爱的诗句，朗诵写父母之爱的片段。记得在读学校给每个年级配发的和语文教材配套的"两翼教材"中与本单元同步的文章时，孩子们一次次被书中四首赞美父母之爱歌词中抒发的那浓浓的母爱、父爱包围着、感动着。

有一天，我正在批作业。班上一名叫浩然的同学跟我说："老师，我们想组织一次关于'父母之爱'的活动。"当时，我觉得他的提议特别好，就说："行啊！"之后的七天里，浩然再也没跟我提起过要开展活动的事情。

直到活动前的一天晚上，我收到浩然妈妈发的一条短信：李老师，明天下午浩然和同学们组织的活动我可不可以去参加？看到这条短信时，我想起了浩然前几天跟我说他要组织一次关于"父母之爱"的朗诵活动。我回复说："当然行了！我想问问有几个节目？"浩然妈妈告诉我有五个节目。那天早上，我突然想到了下午他们要组织的活动。于是就随便指定了两位主持人并嘱托他们把主持词弄好。下午，当我走进教室时，孩子们都已做好了准备。两位主持人也已拿着主持词在台下就位了。

"感恩父母"活动开始了！两位主持人深情朗诵了一段开场白后，一位主持人问大家背过写母爱的诗句吗，有个孩子快速举手并背了千古名句"谁言寸草心，报得三春晖"。之后，孩子们一起完整地背诵了这首诗。可能是因为这样一个特定环境的原因，我看到有的孩子竟然悄悄地抹眼泪。接下来，浩然同学朗诵了一首小诗《父亲》，饱含深情地述说了父亲的爱。明轩同学唱了一首歌《父亲》，细心的浩然妈妈竟然提前准备了《父亲》这首歌的音乐并播放了。明轩同学在台上唱，孩子们在台下伴唱，全体孩子们竟能和着音乐熟练地唱出歌词，每句都唱得那样真挚、那样感人！我想：这可能是在学习"父母之爱"那一单元时我让孩子们学唱一首赞美父爱或母爱的歌曲并K歌的成果吧。

学习这一单元课文时，我建议孩子们在手机上K歌并发送到班级微信群里，让大家都来听听。不过我只收听到了一个孩子的K歌。后来，当我问及孩子们怎么没有发送K歌时，孩子们说："老师，我唱了，但我没有发，因为我觉得唱得不好听。"我之所以让孩子们去唱赞美父爱母爱的歌曲，并不想要求他们唱得有多么好听，真正的用意是让孩子们在唱这类歌曲的过程中，体会歌曲中写的内容以及父母教育子女时付出的爱、父母的辛劳等，教育他们从小做一个懂得感恩的孩子。所以，当有同学今天在教室唱这首歌的时候，我估计好多孩子都想到了他的父亲，我也不例外。

明轩同学其实很调皮的，但令我们大家意外的是他在唱这首歌的时候，竟然湿了眼眶。当他唱完这首歌后，教室里响起了雷鸣般的掌声，我也使劲为这个孩子鼓掌。我明白，孩子们是被明轩同学震撼到了，因为我们从没有看到过这样的他。明轩同学走下讲台，坐到座位上后哭得更厉害。也许在他唱这首歌的时候，想到了父亲为家庭、为他和弟弟辛苦付出的某个画面。

之后五名同学上台朗诵，他们朗诵的内容中有这样几句话："总以为等当了大官，有了多高的职位，再对父母进行表达。其实，劳累了一生的父母，他们要的只是儿女的一个微笑、一个短信和一个电话。他们不指望儿女做出惊天动地的大事，也不奢求儿女财富多少、本事多大，他们只盼望孩子们平平安安、健健康康。"

是啊，对于父母，子女能做到这些便已知足；而对于子女呢，不论父母付出了多少，只要有几句话说得重了些，子女轻则大声顶撞，重则便用离家出走等极端做法折磨自己的父母。和父母爱孩子相比，孩子爱父母是何其少啊！

活动最后，主持人宣布让我总结本次活动。在总结活动时，我讲到了近期微信朋友圈传播量极高的一则寻人启事，主要内容是一孩子考试失利受不了母亲的责备离家出走后发生了意外。我告诉孩子们："其实，每个孩子都是妈妈的心头肉，你们的生命是妈妈用生命换来的，你没有理由随意糟蹋它，唯有好好珍惜生命才能对得起生育你的母亲，养育你的父亲；唯有好好学习、好好生活才是对生命的一种负责；唯有从细小处关心父母、体贴父母才是对父母最好的感恩。"在我说这些话时，很多孩子在哭泣，辉同学更是泣不成声，文涛同学站起来说他家姊妹有三个时已泪流满面，便坐在座位上掩面哭泣；珂菱同学在说到妈妈为生她遭受的痛苦时不住地抽泣……下课铃响了，我告诉孩子们："擦干眼泪，从今天开始，用行动表达对父母的爱！"

活动就此结束了，但我培养孩子们"学会感恩"的举措并没有因为活动的结束而结束。

这次活动结束后，为了杜绝"会上全感动，会后没行动"的尴尬局面，我在班级微信群内发了一个"活动小调查"：

各位家长：

教育需要学校、家庭、社会合力进行。星期五下午上了一节"感恩父母"的队会活动，孩子们在活动中感触很深，不知孩子们回家后有没有用行动去感恩父母。我想在群内了解一下，想留言的家长可以在群内留言。

信息发出去后不久，陆续收到了家长的反馈信息。以下节选几条我和家长在微信群内的沟通信息。

多好的一次班会，学校在传授知识的同时也在教育孩子怎样成人。让孩子们在活动中学习，在活动中学会感恩。孩子回来就跟我提及班里下午的活动内容，还说到有些同学都哭了，我才真正意识到这堂班会对孩子们的影响。是啊，让孩子体会父母的恩情，彼此能够换位去想，才能看到孩子更多的优点。除此之外，感恩父母还可以建立起有效的沟通，良好的沟通、正确的引导才能打开孩子的心扉。谢谢浩然同学和其家长的准备。

——昊东妈妈

孩子下午回到家给我打电话，她哭着说起班会的内容，晚上一起回家偎依在沙发上又重新仔细地说，能感觉到孩子还是很受感动。别看孩子们小，其实大人平常点点滴滴的辛苦付出都印在孩子们心里了，他们已经能体会长辈的良苦用心，在努力做好自己，我们也感受到了孩子的心意，觉得很幸福。相信感恩的孩子在成长的过程中会有更加深刻的体会。

——珂菱妈妈

一次意义非凡的活动，让孩子们通过不同的方式感受了父母的辛苦。感恩父母的方式方法有很多种，孩子的一句话、一个动作、一种态度都可以表现出对父母的感恩之心！非常感谢老师们和浩然同学组织这次班会，让孩子从中体会到父母的爱，懂得了感恩父母。希望以后多开展这样的活动，让更多的孩子在活动中得到成长。

——觐博爸爸

谢谢觐博爸爸！赞同你说的用一个动作、一句话、一种态度对父母表达爱。孩子们需要这样去做，我们也需要这样去做。

——李老师

感谢李老师给浩然这样的机会，也给了我被五（1）班孩子们感动的机会。我只是作为放音乐的"工作者"和一位"旁观者"来参加了这样一堂不一样的班会，真的很感动，每一个孩子的发言都让我湿了眼眶。尤其是听到李老师总结时为人母的肺腑之言，看到孩子们痛哭流涕时的样子，眼泪再也忍不住了。与其说这堂课是孩子们的"感恩父母"课堂，对我来说又何尝不是呢？总是因为把自己的时间安排得满满的而忽略了陪伴自己的父母，我也很惭愧。谢谢李老师让我有了和孩子们共同成长的机会！

——浩然妈妈

一周前，明轩说他要唱一首《父亲》，在家练了两天，我还嘲笑他唱得不好。刚刚在群内通过活动视频和照片，看到了明轩和同学们用心唱歌、朗诵，我在办公室对着手机一会儿哭一会儿笑，真的觉得孩子们很真诚、很棒，我们能做他们的父母、他们能做我们的孩子这都是缘分，我们应该互相学习、互相感恩。我们要和孩子一起成长，感谢老师，感谢孩子们。

——明轩妈妈

谢谢明轩妈妈！赞同你说的"互相学习、互相感恩"，孩子们着实带给我们很多的快乐、感动与幸福！作为父母，很多时候，我们因急功近利也做过考虑不周全的事，和孩子们在沟通中互相了解、互相进步是幸福、和谐生活的良好开端。我们一起努力，加油！

——李老师

通过孩子们的言行，我们也应该自我反省，多抽出时间去陪陪父母，其实我们做父母的在言传的同时也应该身教。谢谢学校，谢谢老师，让孩子在学习文化知识的同时，也学到了做人的道理，让我们和孩子一起学习、共同进步。

——翰雯妈妈

小小志愿者在行动

2018年8月12日，我班的32名同学和25位家长参加了控烟志愿服务活动。此次活动引起了很大反响，兰州共青团、中国兰州网、今日头条等媒体纷纷做了报道。

8月12日早上9点，小小志愿者们带着自己精心设计的戒烟爱心帖，身着统一服装，在学校门口集合，之后分成四个小组，分别在宝石花路、万新北路、建宁路、金牛街四条街道的商家，特别是餐饮、网吧等经营场所宣传了公共场所禁止吸烟的相关法律法规、教经营者如何劝阻客人不要抽烟的技巧和方法以及在店内提醒商家张贴"禁止吸烟"标识……

在服务过程中，当碰到吸烟者时，小小志愿者们礼貌对话，主动用自己精心制作的爱心帖等手工制品换取吸烟者手中点燃的烟草。

"叔叔，这是我做的爱心帖，能换您抽的烟吗？"

"哦……哦……好吧！给你，小朋友做得不错。"

"谢谢叔叔夸奖，请您以后不要在公共场所吸烟，谢谢您配合！"

"好的，一定不再抽了。这么热的天，小朋友你们要注意防暑……"

这是8月12日上午11点，在安宁区建宁路一家餐厅，我班的小小控烟志愿者跟一位正在抽烟顾客的对话。本次活动中，小小控烟志愿者成功劝阻50人次，回收烟头23根。

此次控烟服务活动很有意义，在小志愿者和家长们的积极宣传下，既提升了自我责任意识，也提升了兰州市民的控烟意识；既促进了兰州市控烟的整体形象，也为创建全国文明城市作出了应有贡献。

06 幸福成长

幸福就在身边

做教师的每一天总有一些突如其来的幸福围绕在身边。早上，当我踏进校门的时候，总能听到几名值周学生说："老师您好！"当我在楼道见到学生时，总有人说："老师好！"当我进到办公室时，总能看到办公桌上摆放整齐的家庭作业本；当我上课时，总有很多双渴求知识的眼睛眼巴巴地望着；当我拿着扫帚扫地时，总有学生接过扫帚说："老师，我来！"课间，当我和某名学生聊时，总会有很多的学生围在我周围；当孩子们吃东西时，总不忘给老师分享；当照相机对准我的时候，总会有很多的孩子挤进镜头；教师节的时候，当我推开教室门的时候，总会金花四溅，继而是热情洋溢的一句祝福；当我批作业的时候，总有学生偷偷站在我身后，看我批完一本就赶紧发下去一本，只想让我能多休息一会儿；考完试的时候，当学生望着那骄人的成绩时，总会多看我几眼，眼中满含的是感激……既然我已经与教师职业相遇了，就应该珍惜现实已有的机遇，在已有的机遇中用心体味"机遇"带来的幸福和甜蜜，努力成为学生生命中的贵人。

对待每一名学生，教师就如同面对一件玉雕工艺品一样小心翼翼，在敬畏之心的指引下虔诚地完成我们的职业作品。不让学生生活在敌意的环境中，否则他会学会仇视；不让学生生活在嘲笑的环境中，否则他会变得自卑；不让学生生活在羞辱的环境中，否则他会学会自弃；不让学生生活在批评的环境中，否则他会学会自责。让学生在宽容的环境中生活，这样他能学会大度；让学生在鼓励的环境中生活，这样他能学会自信；让学生在赞扬的环境中生活，这样他能学会欣赏；让学生在公平的环境中生活，这样他能学会正义。

如果我们带着职业的情感和操守去面对每一名学生，如果我们对每一名学生都真情付出，如果我们能全身心地投入教育事业，一定能真正体味到师德给彼此带来的幸福和快乐。

今后的日子里，我将以全新的自我与学子们结伴同行，继续享受与春之骄子的铭心相遇，享受已有"机遇"带给我的幸福。

用心感受

学生对老师的爱是纯洁的、真实的。每天，我们都被点点滴滴的爱包围着。

一日，我因身体不适，连续几天都去医院输液，后来，细心的孩子们知道了我生病的事，连续几天，我去上课时，讲桌上都会有一杯冒着热气的开水，水杯下还会有一张纸条："李老师，您辛苦了！请您多喝水，祝您早日康复！"

一日，我骑着自行车经过一道铁门时，因门下有一道铁门槛，只有将重重的自行车提起才能经过铁门，我刚要抬起自行车前轱辘时，没想到车子轻松地就从那铁门槛上过去了，我回头看时，才发现是我班的几个男孩帮我抬起了车子。我微笑着说："正奇怪，车子怎么这么容易就过去了，原来是你们助力了！谢谢！"他们几个笑着说："李老师，您还会骑自行车呢！"

一日，我参加了班上学生和家长共同参与的志愿活动"垃圾分分类，资源不浪费"保护母亲河志愿宣传活动。讲座结束后，孩子们拿出了自己利用废物制作的各式"作品"。有百褶迷你裙，有扑克牌马甲，有铁丝围圈废布做灯罩的台灯……活动结束前，在我对此次活动做总结时，班上一个女孩送给我一件礼物——袜子娃娃。一只袜子剪成了两部分，袜腰部分从里面缝住后向外翻，摇身一变成了娃娃的帽子，袜身部分做成了娃娃的身子和腿，上身部分左右两边用缝制的办法做出了娃娃的两只胳膊。最可爱的要数娃娃的头了，她选用了另一只白色的袜子，剪下袜身到脚尖的部分，里面装上了太空棉，封住头的下段后缝在了娃娃身上。眼睛嘴巴怎么做的呢？起初我以为是袜子上自带的图案，细看后才发现那是她用彩笔画上去的。笑眯眯的眼睛，向上翘起的嘴巴，像极了小主人平时安静、甜美的样子。接过这礼物的时候，我很感动，也很欣喜。但当我看到女孩妈妈发到朋友圈的内容后，瞬间感受到了这礼物的珍贵——这是孩子一针一线完成的，共做了三个袜子娃娃，她选择了其中最好看的一个送给了李老师。

一日……

和其他职业的人相比，做教师的我们获得了很多的幸福。只是很多时候我们没有用心感受这些幸福，或者说这样的幸福太平凡，以至于不值得挂在心上。越是平淡的幸福越是长久的，就像你一进家门就能吃到香喷喷的饭，就像你渴了时家人递给你一杯水，也像你病了时家人陪着你……

学着读懂孩子

2014年10月28日，我去甘肃农业大学参加《班主任》杂志社举办的"全国知名班主任经验交流报告会"。本次会议由全国知名班主任李镇西老师、丁榕老师、万平老师主讲。李镇西老师的讲座《班主任自我培养》让我知道了该如何培养自己；丁榕老师的讲座《做一名幸福、快乐、有成就的班主任》让我知道了教育的艺术不在于传播本领，而在于激励、唤醒和鼓舞；万平老师的讲座《教育是温暖的》让我知道了教育不是一件开花的活儿，它是种树，是一种对儿童持续不断的扶持与忘我的漫长期待，它是一种为了终极放飞而无比宽厚温暖地对童心的拥抱……

三位老师的讲座朴实无华却句句启迪着每一位班主任。虽说他们都是名家、专家，但当好班主任的终极法宝都是一样的，那就是时时刻刻关注每一个孩子。李镇西老师将"朴素最美关注人性做真教育，幸福至上享受童心做好老师"作为教育的常识，倡导"种瓜得瓜，种豆得豆""一分耕耘，一分收获"。他送给老师们最好的礼物是《每个老师都是故事》，他送给学生们最好的礼物是《每个孩子都是故事》。李镇西老师珍藏和每一届学生的合影，是想把每一个学生的故事都写在记忆中。他说："如果你的班里有一个特殊的学生，绝对是难得的研究素材，一定要去研究这个孩子。"

在听讲座的那一瞬间，我想到了班上那个天天调皮捣蛋的明轩同学。于是从听完讲座那天起我开始行动了，我将这部即将成为连续剧的名字确定为《我班有个明轩同学》。苏霍姆林斯基说过："每一个儿童都是一个完整的世界。"是啊，这一个个"完整的世界"里，充满了多少精彩的故事啊！

节选《我班有个明轩同学》中的几个小片段如下。

明轩课上送稿纸

上课了，我临时决定让学生用刚才口语交际的话题"我们身边的动物"写一篇写话，平时写话有专门的写话本，那天我想让孩子们写在稿纸上，大概估算一下能写多少字。

孩子们都在准备稿纸，我看到几个孩子没带稿纸，便让坐在就近的孩子们递了稿纸。终于教室里安静了下来，孩子们都动笔开始写话了。

突然，我眼前闪过一个影子，很是纳闷，便迅速捕捉这个身影的去向，但看见时已是背影，不过那背影即使在黑夜我也能清晰地辨认——胖胖的上身，行走时身体微微前倾，走路时晃动得厉害，他就是我班的明轩。

"明轩，你干什么去了？"

"我给觐博送稿纸。"他一本正经地说。

这理由堵得我哑口无言。可我有点疑惑，明明刚才让同学们给没带稿纸的孩子传了稿纸呀！我半信半疑地把目光投向觐博，想赶快证实一下。

觐博正转身看着明轩，像盼到救星一般。

我不再言语。

明轩也不做解释，径直走向觐博的座位，把一张稿纸放在了觐博的桌上。觐博一脸感激，连连说过"谢谢"后赶紧埋头写写话。

明轩快速回到自己的座位，满脸的喜悦……

我在想明轩是怎么看到离他那么远的觐博没有稿纸的？定是当其他学生都开始埋头写话时，他在四处搜寻还有没有需要帮助的同学。在他眼里，任何一个孩子有困难他都应该帮助，他把帮助别人当成最快乐的事！

明轩真是个热心肠！

热心、有爱心是构建社会和谐环境的基础，班上有一个热心肠的明轩，能影响到更多的同学。久而久之，班上就会有很多的"热心肠"。作为班主任，要做的就是学会欣赏和保护孩子们的"热心肠"。

在鼓励孩子"热心肠"的同时，还要告诉孩子们：在帮助他人时也要学会尊重别人，最好先问一句"你需要帮助吗"，在征得别人的同意后再给予别人帮助。另外，还要学会量力而行，不能贸然行动，要有自我保护意识。

明轩课间去洗花

一天下午，艳阳高照，我疾步走进学校后便去打卡签到。刚走出门卫室，就听到身后传来一声："李老师好！"我扭头看时，映入眼帘的是一盆花，红红的花朵娇艳无比，碧绿的大叶子上滚动着晶莹的露珠。透过花朵和叶片空隙，我看到一张胖乎乎的脸，是我班的明轩。

他仰着头，两手将花捧得高高的。

我惊诧极了，问道："哪来的花？"

明轩一本正经地说："这是我们班教室外面图书角的花。"

"你端着它干什么？"

"我去洗了洗。"

我愣了好一会儿才反应过来。难怪刚看到的叶片那样碧绿，花朵那样鲜艳！

"哦！谢谢你！"

"李老师，我还要洗洗另外几盆花！"说完，明轩便捧着花盆一路小跑着向教室方向而去。

……………

望着他离去的背影，我感慨万千！

那花是学校为各班准备的装饰花（塑料绢花），平时放在室外的窗台上或是图书角处，由于室外窗台较高，很少有同学主动关注它们。时间一长，那些花上落上灰尘便是再自然不过的事了。没想到平时爱捣蛋的明轩却关注到被遗忘的角落还放着几盆被遗忘的花，他竟然主动清洗让它们重展容颜。

明轩爱同学、爱老师、爱身边的一花一草，他关爱他人的优秀品质值得我和班上的每一名学生学习。如果每一个人都能像明轩这样关爱身边的人或物，我们的生活将会是多么和谐，我们的社会将是多么美好！

明轩是我和孩子们共同学习的榜样！

除了写班上的明轩，我还写日记《我班有个辉同学》，节选一篇如下。

今天早上收拾办公桌时，看到了我曾给儿子订阅的一本崭新的《军体世界》。

中午放学时，班上孩子们都在站队放学，我把辉同学叫到办公室，说："送你一本书！"辉双手接过书。我当时忙于收拾其他物品，没有再跟他说其他话语。当听到"谢谢李老师"这句话时，才发现他没有立即离开办公室，而是在等待我还会说些什么。当我说完"不用谢"后，他出了办公室。接下来听到的是他在楼道快速跑动，并大声向同学们说："李老师送了我一本书！"因为他走出办公室时看到了站好队陆续下楼的同学们。他的话语中传递的是惊喜、是激动、是炫耀。他知道我爱给班上孩子送书，但以前只送给期末考试成绩优异的学生，给他送书是他没想到的。

下午走向教室的时候，在教室门口看到几个孩子，有两个是趴在地上的，其中一个就是辉同学，不过地上放着一本书，他们在看书，虽然不提倡以这样的姿势看书，但我没有阻止，孩子们的世界多一些随性也好。

从那以后，我不再强求辉同学写完所有的作业了——只要写了一些，就不再补写作业。

这里我记录了班上其中两个孩子的一些小故事，但它并不单指"事件"和"情节"，而是两个孩子成长的过程；或者打个比喻形象一点说，这里所说的"孩子的故事"指的是孩子生命的河流。

在生命的河流里，教师走进了孩子的故事。这个故事如河流一样不可逆转，而且每一天的风景都不可预知——或令人欣慰，或令人惊叹，或令人赞赏。故事的原创是孩子，但编辑是教师。如托尼·马伦所说，教师帮助孩子"把信心与成功写入故事中"，为孩子"编辑错误"，并"帮助作者实现一个完美结局"。

作为高明的"编辑"，教师一定要读懂每一个孩子的故事。陶行知说："我们必须会变小孩子，才配做小孩子的先生。"所谓"会变小孩子"，就是用童心去感受童心。一位真正的教育者，总是有着纯真的童心，并能用儿童的眼睛去观察，用儿童的耳朵去倾听，用儿童的兴趣去探寻，用儿童的大脑去思考，用儿童的感情去热爱……只有这样，才能真正读懂每一个孩子。

读懂孩子，就是读懂教育，就是读懂自己。孩子每一天的故事不可复制，教师每一天的生命也不可重现，教育的严酷与责任都在于此。读懂孩子，并和孩子一起愉悦而谨慎地编织故事，让教师和孩子的生命互相重叠与交相辉映。从某种意义上说，教育就是和孩子一起编织师生的生命故事，并追求一个"完美的结局"。实际上，很多时候，我们故事的结局并不完美，那也不重要，重要的是在追求完美的过程中，我们的职业更加精彩，我们的生命更加明媚，我们的人生更加辉煌，这才是教育的意义和幸福所在。

我的读书生活

今天，天气晴朗，阳光透过玻璃窗照到卧室的床上，我捧着朱永新老师的书坐在窗前，享受着阳光带给我的温暖与惬意，享受着《致教师》带给我的鞭策与激励。

当我读到其中一篇《每一个孩子都是天使》时，内心的愧疚感油然而生。几乎所有的老师从踏上教育工作岗位的那一天起，眼中的学生便有了"好"与"坏"之分。正是因为唯分数论的偏见，早早就给孩子们贴上了标签，于是，"一视同仁"便成了堂而皇之的谎言。其实，很多孩子的基本认知、行为习惯、个性特征等都是在家庭中完成的，不同的家庭会造就不同的孩子。但很多教师恰恰没有正视家庭带给孩子的差异，总是用"好"孩子的标准要求每一个孩子，表面上看这就是"一视同仁"，但实际上是对一部分孩子生命的不尊重。虽然家庭造就了孩子的千差万别，但作为教师，不能用批评和惩罚对待那些需要格外关照的孩子，而应该努力让学校成为孩子们的乐园。因为每一个孩子都是天使。

是啊！每一个孩子都是天使。如果戴"有色"眼镜关注那些被贴了"调皮捣蛋"标签孩子的一言一行，那真的有无颜做老师之痛。对于每个家庭来说，每个孩子一生下来都带着前所未有的希望和与生俱来的力量，这力量是正还是负，有待于每一位教育者来发掘和唤醒，而不是由老师一再地强调某孩子是坏的或是差的。因为"标签"效应，不经意间也会酿成大错。

常有慈悲之怀，常怀慈爱之心，静静地等待那些还未"开窍"的孩子，在等待的过程中积极探寻打开这些未"开窍"孩子心扉之门的钥匙。只要教师不放弃，孩子们就不会自弃；只要我们相信，孩子们就会充满自信。如果做不到一视同仁，更应该关注那些调皮捣蛋、惹人厌烦的孩子，帮助他们挖掘力量，协助他们发现自我。一旦这些孩子发现了自我，定会爆发出我们难以想象的力量。

　　教育工作中，越是相信孩子，他们越能展示最优秀的一面；越是怀疑孩子，他们越会显现消极应对的一面；越是批评孩子，他们越会作出我们不希望看到的一面。所以，把每一个孩子都当作天使对待，在这样的教育过程中，教师也定会享受到教育的完整与幸福。

与书拥抱

今年临近寒假前，学校给每位老师发了两本书，要求每位老师认真读这两本书并完成读书笔记，其中一本是朱永新老师著的《致教师》。寒假里，我每天都会抽点时间读这本书。每每翻开书页，总有一种与大师会面的感觉。书中的文字一次次激起我心中的涟漪，不仅仅是感触，还有激动，而且那样清晰可见，那样富有活力。可那些瞬间被触动的心绪与感悟又随着被翻起的书页悄然溜走了——先前因朱老师书中文字引发的思考都如过眼烟云。为了不与瞬间飘来的灵感擦肩而过，为了不留下太多的遗憾，我采用边读书边批注、边摘抄精彩语段边写感悟的办法。于是这本书中有了我勾勾画画、圈圈写写的痕迹，读书笔记本中也有了许多用红笔书写、用星号标注的"我的感悟"。

一天，我再次手捧《致教师》，看到朱老师在新教育早期曾经发表过的一则《朱永新成功保险公司开业启事》。大概内容是投保人每天三省自身，写千字文一篇，内容可以不限。十年后持3650篇千字文（计365万字）来本公司，若还没有成功，即可索赔……这个带有玩笑性质的广告在教师中产生了广泛的影响，于是便有了淄博市临淄区教研室于春祥老师的《春祥夜话》，吉林市小学语文教师张曼凌的《小曼讲故事》，安徽省黄山市笑春老师的《快乐启航——黄山一中高一（8班）成长故事辑》，深圳育才中学陈晓华老师的《守望高三的日子》等一大批作品问世。

看到这里时，我内心澎湃不已，不心动那是真正的假话。我开始行动了，带着胆怯与顾虑，我开通了"天空常蓝"的微信公众号，之所以以"天空常蓝"为名，是因为看过北京第二实验小学李烈校长写的《给生命涂上爱的底色》，书中有这样一句话："让自己的天空常蓝，让他人的内心温暖。"我也希望我每天都能愉悦地迎接新一轮的太阳，让天空因为太阳的光芒而变得湛蓝无比。

"天空常蓝"公众号的开通激励着我每天都要写点东西，实在写不出时我就看书。于是，读书、写东西，写东西、读书成了我寒假生活的一部分——我用笔记我行，用笔记我心，用笔记我幸，用笔记我新。虽然写下的内容仅仅是拙文，缺少思想，缺乏内涵，但我会坚持下去。朱永新老师说："读书不怕慢，就怕站！"我觉得写东西也一样。

如果您看到"天空常蓝"中所发文字有不妥之处，敬请海涵。望您能给蹒跚学步的人多一些支持，多一些鼓励。

第一次写获奖感言

开学初，学校收取了每位教师假期完成的读书笔记，校领导认真翻阅了教师们写的读书笔记并进行了评奖活动，我写的读书笔记也获奖了，而且是一等奖。学校要求获奖教师在颁奖会那天，以发表"获奖感言"的形式说说自己的读书心得。

晚饭后，我写下了从未有过的"获奖感言"——

此刻，我是无比幸福的！这突如其来的幸福感源自临近寒假前学校发的两本书——《致教师》《像冠军一样教学》。单看这两本书的书名就写满了学校领导对我们的殷切期望。

不过，说实话，最初我是带着完成任务的心态去写这本读书笔记的。当我抄完《致教师》中的前言《我是教师》这首诗后，带着"让生命幸福完整"的期许，我继续边读边抄写。在读读、抄抄的过程中，我被朱永新老师对新教育的思考和对教师真诚的建议深深地打动了。我不敢再将读书当作一项任务去完成了，因为我也是一位教师。我开始在阅读中反思自己的教育工作，不过更多的是思考怎样改进自己的工作。于是，我将自己的点滴感悟写在摘抄笔记本上，写在书本的空白处。

假期的生活中，看书和写东西成了我每天生活的重要组成部分。因为，真正的思考是从写作开始的。可我从不敢承认我是在写作，因为我写的内容确实是东拉西扯，什么都有，所以称之为"写东西"很符合我！整个假期，我用朱永新老师、李烈校长书写的文章滋养身心，用我写的东西记录瞬间萌生的思考。

当初写这些东西的时候，没觉得它有什么特别之处。但在我又一次接到任务让说获奖感言时，我再一次翻看了假期读过的两本书。从书中圈圈写写，勾勾画画的印迹中，我找到了读书的收获，幸亏我及时写下了那些"东西"。尽管书写很潦草，语句很随意，但反思很深刻，记录很及时。

高希均先生说过："自己再忙也要读书，收入再少也要买书，住处再挤也要藏书，交情再浅也要送书。"董卿在《朗读者》节目开播前说过这样一句话："阅读，能让我们遇见最好的自己。"我也想在余下的时光里真正养成读书、写东西的好习惯，争取遇见那个最好的自己。

好读书，不好读书！就让我们在能读书的时光里多读几本书，在和孩子们一同成长的过程中过一种幸福完整的教育生活吧！最后真诚地感谢学校领导为我们奉上这一道道难得的营养大餐！

幸福的瞬间

上午课间时，偶然看到一家长在微信群里私发给我的信息提示，打开一看，是家长拍照发给我的一幅画。这幅画上画了一个漂亮的公主——及肩的深茶色头发蓬松自然，整齐的刘海呈倾斜状。黑色深邃的眼眸如同黑夜里的珍珠，再看看纤纤细腰，蓬蓬花裙，好迷人哦！更令人兴奋的是写在这幅画旁边的两行字——愿您早些回来，出差的李老师。

为此，我想到了11月17日至11月27日我去苏州培训的事。这幅画就是一个叫遵仁的孩子在我出差期间画的。遵仁妈妈说，从没听他说起过这幅画，那天早上收拾孩子的房间时发现的，就拍照发给我了。我看到这幅画时，真的很意外，但更多的是幸福。很多时候，我都能感受到孩子们对老师的爱，那么真诚、那么无私、那么朴素。但当我真心想举一个例子证明的时候，总是一时想不起来了。不是忘了，其实是我们得到学生这样的爱太多了，可能是习惯了，也可能是麻木了。和我们爱学生相比，学生爱我们更多一些，更实在一些。

做老师的没有不爱孩子的，但爱的方式是——写字不允许出错，不能不写作业，不能打架骂人，不能上课说话，不能随意下座位……诚然，这也是爱，明知形式过于单一，我们还冠以"严师出高徒"之称。严师是可以出高徒的，但对于孩子们来说，他们能用心接受吗？要让学生真正体会到"严"师的爱，就要严而有度、严而有爱、严而有励，让学生真真正正体会到老师的丝丝爱意，浸润心田，幸福永远。

两张纸条

  ——天，因上午忙于上课，下午做评委参加学校举行的《做一个有道德的人》演讲比赛活动，整整一天，只在早晨喝了几口水，中午草草吃了午饭，下午又滴水未进。结果当天晚上，我便不再像打了鸡血般精神了。第二天早上愈发严重，利用课间操时间跑到离学校最近的医院去检查，医生看了化验单强烈建议住院治疗，我只能听从。

  次日后的每一天，早上便早早到医院输液，再赶到学校上课。每天晚上放学后约8点，我再去医院输液，回到家已是10点，还要打开电脑继续完成当天遗留的工作。这样的日子持续了一周。

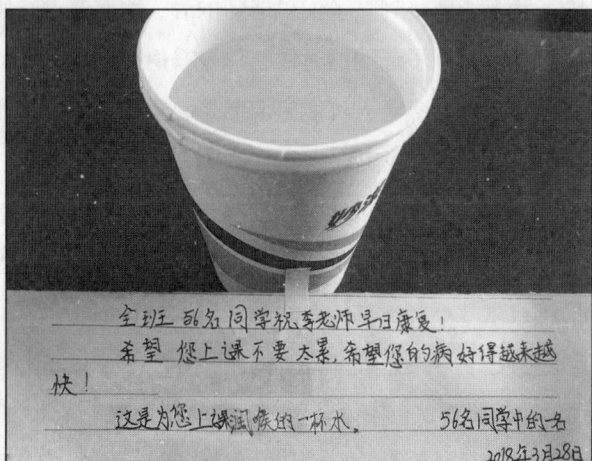

学生写给老师的小纸条

  一天早上，我走进教室，按照事先的安排，让学生默写《杨氏之子》。我无意间看到讲桌上放了一杯水，有些奇怪；再看水杯旁，还放着一张纸条，纸条上并无一字，我好奇地拿起那张纸条，翻到背面时看到了几行字——

全班56名同学祝李老师早日康复！

希望您上课不要太累，希望您的病好得越来越快！

这是为您上课润喉的一杯水。

看到纸条上的字，我明白了，许是孩子们看到我手臂上因扎针留下的白胶布，知道我生病的事了。

我开始猜测是谁放的这张纸条，起先我想到了小雨，因为他妈妈在医院工作，知道我每天去输液室。当我问及纸条是不是她放的时，小雨一脸纳闷，由此断定这纸条不是她放的。我又对着全班同学问了一遍是谁在讲桌上放了一张纸条和一杯水。全班学生面面相觑，可见他们根本不知道这件事。当我的目光一一扫过每一张面庞时，看到很多同学都在七嘴八舌地议论是谁放的，可坐在最后一排的子祺同学始终低着头，一直在书上写着什么，始终没有抬头看我。

我对全班同学说："我知道她是谁了，她是一名阳光、可爱、每天都笑呵呵的女生。她每次看到我时，都会朝气蓬勃地跑到我面前，笑着问一句——李老师，你去哪儿……临走还会笑着跟我说再见！她的笑声那么爽朗，笑容那么灿烂，心胸那么宽阔。每次和她相遇，满心都很愉悦。她就像那温暖的阳光，她在哪里，哪里便是春天。"

那张纸条上，没有写她自己的姓名，而是写了"全班56名同学"，她是把自己当作了五年（1）班的一分子，可见集体在她眼里是多么重要。

那一刻，我感动万分，哽咽着说："谢谢你，我的孩子！"虽然我没有点名感谢她，但聪明的孩子们早都猜到她是谁了。下课铃响后，我端起那杯水一饮而尽。虽是一杯白开水，竟和以前喝过的不一样，如清泉般甘甜，如良药般神奇……

接下来的一天下午，我走进办公室时，又看到一杯水。当我端起水杯时，看到了一个折了又折的纸船。打开时，看到上面这样写着："老师，您要多喝水，保护好自己，多给您添了点儿水。"

爱如空气，人人需要它，沐浴着它，谁都会感到温暖。我爱着我的学生，给顽皮学生以感化，给自卑学生以力量，给胆小学生以激励……我的学生也爱着我，一个苹果、一张贺卡、一幅画、一封信……从事教育的每一天都被点点滴滴的爱感动着、幸福着！

　　做老师的日子里，有孩子们陪伴的每一天都是值得记录的。

遇见他们是我幸福生活的开始

每个人的一生中总会遇到一些值得称赞并学习的榜样。

2016年11月19日至25日，我参加了由兰州市教育局组织的"第二届全国名师发展学校兰州市金城名师金城名班主任苏州高端研修班（第一期）"培训活动。在此次培训活动中，我就遇到了很多优秀的榜样。

黄厚江老师每天不写东西睡不着。他说："你想评上正高吗？你想过评上特级吗？你想过出版专著吗？那你为得到这些改变过自己的生活吗？"

朱永新老师每天早上5点钟起床。利用两个小时的时间进行读书、写作。他坚持利用好这些时间，将自己的寿命至少延长了15年。

再来看看以下老师。

一个教育界的神话

已经年近八旬的李庾南老师，担任班主任工作60年，60年从不间断，而且还没做够班主任。李庾南坦言，她曾经带过的每个班，她都能清楚地叫出每个学生的名字。

李老师酷爱教学，在她眼里课堂比天大。教学与带班都很出色的李老师是中国教育界的传奇，更是神话。她是一名草根性的实践者，带班多年来，她治班的法宝是"四自"——自学、自理、自律、自制。她带班的宗旨是一定要做到公平公正，只要是坐在她教室的孩子都是她的学生，她从不以孩子父母的社会地位区别对待孩子。她最关注特殊家庭，尤其关注单亲家庭的孩子，她说这些单亲家庭的孩子更需要关爱。她认为班主任要有三重责任——对孩子尽到关心的责任，对孩子尽到妈妈的责任，对家长尽到负责的责任。也许，这正是那么多学生、那么多家长、那么多领导都期待着她做自己孩子的老师，期待着她做自己孩子班主任的真正原因。

都说班主任苦，班主任累。但在桃李满天下的李老师眼里，做班主任很幸福、很自豪。并不是她遇到的学生好，也并不是她遇到的家长个个都那么配合，而是她遇到有问题的学生、家长时会倍加关注，寻找问题背后隐藏的原因，并想方设法解决问题。在李老师看来，每解决一个棘手问题，每转化一个问题学生，每改变一位家长的态度都是一种财富。从李老师身上，我们看到了她对学生无尽的爱。

学生在变，她的方法也在变，平时养成的不断思考、不断研究、不断积累的好习惯，使她教学和治班的经验也越来越丰富。于是，渐渐地，老师、学生对她有了"李奶奶"这样的称呼。这是大家对她的爱称、敬称，也是对她教育生涯最好的诠释。而她把所有的荣誉都当作鞭策，只因学无止境，所以一直在努力学习，不断研究，继续前行。如今她依然愿意站在讲台上，愿意和学生、老师们站在一起。生命不息，修炼不停——这是她对教育最纯真的情怀。

"学而不厌""诲人不倦"，李庾南老师用自己的言行培养一批又一批学生成才，也激励一批又一批教师努力前行。

只问攀登不问高

王开东，一位农民的儿子，一位普通的老师，一份平凡的职业，一份热烈的坚守，一个庄重的承诺——用心寻找春天和快乐，用爱编织秋天和自由。

王开东老师从教书的第一天起就下决心要做一位好老师。在他看来，没有做好老师的追求是很痛苦的。他不要痛苦的活着，他要笑对人生。起初，他由一位体制外的教师开始，逐渐让自己因变得强大而有了安全感。有了安全感还不够，还要有尊严。他的尊严来自课堂，于是他又研究课堂。渐渐地，他的课堂驾轻就熟、游刃有余，便有了尊严。有了安全感有了尊严时，他依旧没有止步，又开始追求幸福——他用职业的成就感追求属于自己的幸福感。他说做好老师就是上帝对他最大的奖赏。

王开东老师是怎样做到当一位好老师的呢？

刚上班时，他一心只扑在学生上，除了看语文书和语文教学用书外，想不起读别的书；实践中也曾偶尔蹦出过教育教学的火花，但从没想过将其写下来，于是没几天，这种灵感就烟消云散了。那时候的他只知道早早起床和孩子们一起生炉子，大扫除时和孩子们一起擦玻璃。直到他把大把的时间都给了孩子们时，一位恩师的话语警醒了他——你如果把一切都给了孩子们，拿什么给自己？

王老师说："如果我们把所有的时间与经历都给了学生，当我们老去的时候会一无所有，那时候我们就会被学生抛弃，被校长抛弃。所以，为了有尊严的活着就要不断发展自己，时常写文章，努力使自己茁壮起来。只有当自己成为一片汪洋大海时，学生才会望洋兴叹！"

王老师从2004年才开始写作，写的第一篇文章是《马加爵，你把屠刀挥向谁》。十二年来，已经出版《深度语文》《教育，谈何容易》等14部著作，发表省级以上教育教学文章500多篇。他成长得如此之快，源于爱写作、爱阅读，爱读写合一。现在，他每天都要写4000多字的微信文章。可贵的是他坚持不懈，他说："写作本身就是生活，就是成长，写着写着你的思想不一样了，你教给学生的就成干货了。"

王老师自我奋斗的三重境界是：尊重、信任、慈悲。王老师认为，如果我们的课堂能吸引每一个学生把眼睛睁开了，就不怕学生学不会，也不怕学生的成绩考不好。这一切取决于老师自身，教师只要攻下课堂这块领土，成功就不再遥远。

王老师说："'丑小鸭'的成长历程警醒我不能老态龙钟时一无所有，提醒我什么时候开始努力都不晚，激励我追求属于我自己的幸福是正道。"是啊，一位一心想要成为好老师的老师不成功也很难做到。

王老师主张做教师要以慈悲为怀——当教师有了慈悲之怀时，你会看到一个孩子悠悠的、平平的如小溪般潺潺的、纯纯的爱。教育是师生生命河流的互相灌溉，每个人的生命都是一条完整的河流，每个人都是自己生命河流的开拓者。

王开东老师通过自己一次次的蜕变过程给大家破译了教师专业成长的密码。王老师又一次"吸粉无数"，我也成了王老师无数粉丝中的一员。

此次参加培训，我看到了许许多多的榜样，还有一位是和我在同区工作的副校长。初次对她有"异样"的感觉是在去苏州培训的火车上。她是我们这个小组的组长，在和同组组员闲聊中她谈到了曾经给甘肃省骨干教师做培训时讲的内容，她讲得绘声绘色、抑扬顿挫，很难将她所讲的内容与她所担任的数学学科联系在一起。

接下来参加培训的几天里，每天晚上吃完饭后已是夜晚，但我俩总要借着路灯在所住酒店的周边游走一会儿。一周的时间，我对她很快由陌生到认识，由认识到佩服，由佩服到赞赏，由赞赏到学习，由学习到感激，因为我身边又多了一个好榜样。

2017年，她主动申请去边远学校支教。从支教的第一天起，她就开始记录支教生活中关于学生、教学及生活中点点滴滴的大事小事，而且从未间断过。来苏州培训的这几天里，她认真培训，善于思考，回到所住的宾馆后，还会打开电脑记录当天培训的内容、心得、感悟。不管多晚，临睡前的必修课都要完成。每天写点什么已经成了她生命中不可缺少的一部分。她那么阳光又那么睿智，那么幽默又那么有分寸，那么好学又那么善于思考，那么自信又那么有毅力。

…… ……

此次苏州之行，我遇到了许许多多的专家、名师，他们都是我学习的榜样。从这些榜样身上，我感受到了很多满满的正能量，这正能量"刺激"着我，因为和他们相处压力山大；这正能量也激励着我，因为从现在开始还来得及；这正能量还警醒着我，因为不积淀、不进步终究会被遗忘。

我又一次下定决心在手机记事本上记点什么了，每天记录的内容或多或少。我开始尝试着在培训中思考点什么了，每天思考的内容或浅或深。我开始关注王开东、柳袁照等教育家在公众号中发些什么内容了，每天的阅读量或多或少。

这就是榜样给我的启发。我开始迈上了学习之路——一步、两步、三步……争取让这步伐，行稳致远，愈行愈远。

在苏州培训的日子里，遇见他们是我幸福生活的开始！

幸　会

要回兰州了，一路上我被窗外射进的阳光温暖着。于是，拿起了苏州十中柳袁照校长赠送的诗集《走入荒原，越发美丽》。打开第一页，柳校长的签名一下子跃入我眼帘，在苏州十中培训期间听柳校长讲座以及和柳校长合影的瞬间又一幕幕重现了。

初到苏州，小雨淅淅沥沥。淡淡的清风夹带着些许暖意迎接我们的到来。接下来的几天，气温骤降，风的脚步匆匆，雨点紧随其后，叶也恣意舞动，苏州又诗意了许多。

一天，我们一行人走进了百年十中——苏州十中。聆听柳袁照校长的讲座时，我被他讲的故事感动得泪流满面，被他写的诗陶醉得啧啧不断，被他悟的道理折服得五体投地。讲座结束，大家拿到柳校长会前允诺赠送的一本诗集《走入荒原，越发美丽》后，纷纷涌向柳校长合影留念。

我挤不到柳校长身边，只好退向后场，打开诗集，"我喜欢可遇不可求的初相聚，那是一生的最美丽……"我被书中优美的诗句吸引了。再回头时，已不见柳校长，也不见其他老师。

我疾步走出讲座礼堂，才发现躲了几天的太阳绽放了。一眼望去，天蓝，草绿，叶黄。不远处的草坪上，诸多的老师簇拥着柳校长，只看到柳校长的变色眼镜在阳光下颜色变深了许多。

我一边走向草坪，一边准备好了笔，走近柳校长身边时刚好有一位老师合影完离开了。"柳校长，请您给我签个名！"这声音怯怯，但也独特，因为之前都是要合影的，我是第一个要签名的。柳校长听到了，转向我，接过书，拿起笔，签了名。

　　呜——火车轰鸣声将我的思绪拉回了首页签名处。我翻开下一页，继续品读、回味，才发现美丽的不只有风景，还有我们自己。

　　在苏州十中那个诗意的学校里，遇见诗意的柳袁照校长也是我幸福生活的开始。

熬，是生命最好的磨石

苏州被称为东方威尼斯，正如余秋雨所说，当威尼斯还是一片废墟时，苏州早已经船流如织了。2017年12月6日，我又一次踏上开往苏州的火车。火车上同行者都是陌生的面孔，因为此次培训兰州市共派了10位教师，我所在的安宁区就我一人。如此看来，这一培训机会该是多么的难得与珍贵。

随着火车的疾速开进，离苏州越来越近了，我又一次嗅到了苏州丁香花的香气，感受到了苏州那湿湿的风。

对于参加《"国培计划（2017）"——甘肃省中小学骨干教师培训项目苏州大学小学综合实践活动班》培训活动，我并不是一无所知。在来时的火车上就和同行者聊到了此次培训活动的主题，有老师说学校根本没有开设过这门课，有老师说不知道这课上什么。我虽不能具体说出综合性实践活动是什么，但值得欣喜的是我至少开展过这样的活动。有这样的魄力与远见的不是我个人，而是我所在区教育局作出的一个大胆的决定——每学期末，学校提前几天进行期末考试，之后全区集中三天开展综合性实践活动。比如，通常情况下第一学期期末考试都安排在元旦之后进行，我所在的区则提前至元旦前进行期末考试，考完试紧接着元旦放假，元旦放假回来的三天各学校依据确立的主题集中开展综合性实践活动。这样的安排不仅孩子们高兴，家长们也十分高兴，因为元旦可以痛痛快快地过了，真可谓皆大欢喜了。

今年是我们区集中开展综合性实践活动的第二个年头。每学期的寒暑假前，安宁区各个小学都会认真开展具体的综合性实践活动。此项活动实践之初，老师们对于综合性实践活动的了解与认识仅是一个开展综合性实践活动的通知，至于设计哪些活动，活动形式什么样都一无所知。好在大家在摸着石头过河的过程中汇聚了集体的力量，碰撞出了智慧的火花。为了使活动达到丰富性、实效性和新颖性的目的，学校要求各年级确定一个实践活动的主题开展相关活动。

我所在的年级选择的实践活动主题是"走近伟人"。由于活动要连续开展三天，所以我们的活动方案紧紧围绕伟人的方方面面按照半天一项活动进行设计，分别以"讲伟人故事""诵伟人诗词""写伟人诗词""唱伟人歌曲""观伟人电影""做伟人手抄报"等形式全方位地了解相关人物。每一天的活动开始前都会安排学生做好调查或是搜集、整理资料，以确保第二天开闸活动的有效性。

暑假前的实践活动，我们年级选择的主题是"了解中国的传统节日"，目的是让孩子们在了解中国传统节日的基础上激发学生的家国情怀。为了活动的丰富性，我们决定各个班级自选一个节日开展综合实践活动，我带的班级选择了寓意团圆美满的中秋节。

活动之初，我认真设计好了整次实践活动的方案，具体活动有交流思乡诗、做月饼、才艺展示会、诗词大会等。又如，选择了"春节"这一传统节日的班级开展的具体活动有包饺子、剪窗花、写对联、猜灯谜。再如，选择了"端午节"这一传统节日的班级的具体活动有绣荷包、包粽子、搓花麻绳等。

我所在年级的老师开展的综合性实践活动只是我校开展实践活动的缩影。其他年级的实践活动课也精彩纷呈，如插花艺术提高了学生的审美情趣，学做拉牛肉面激发了孩子们热爱家乡的情感……我校的综合性实践活动又成了兰州市安宁区教育开展综合性实践活动的缩影。孩子们在丰富多彩的实践活动中丰富了生活经历和实践体验，体验了多样化的学习方式，课程培养了学生热爱生活、亲近师友、依恋校园的积极情感态度。

对于我来说，此次有幸参加"国培计划"综合性实践活动班可谓及时雨一般，因为本学期末1月2日—4日又是我区教育局倡导推行的综合性实践活动集中课程。

第一天的培训中我见到了邹开煌教授。邹教授幽默风趣、健谈开朗。他评价陶行知的作品是"女士的化妆品，男士的保健品"；他心中的好课标准，要学生喜欢并具备"三好"：好听、好记、好用；他眼中的优秀教师要有名课、有名文、有名著。

邹教授讲座过程中说到了陶行知教育思想。他认为，陶行知教育思想是在批判地吸收中外各种教育思想精华和总结自己教育实践经验基础上形成的一种新的教育思想，不仅在当时使人耳目一新，而且对于现在也有重要的参考价值，值得认真研究。于是，他顺口问到了谁能背三句陶行知教育思想的名言。会场内99位老师没有一人举手。邹教授退步说谁能背一句，我听到远处有老师在说："捧着一颗心来，不带半根草去。"当时，我心里想到的则是——千教万教教人求真，千学万学学做真人。能牢牢记住陶行知的这句名言是因为几年前学校发的教师成长手册上要填写教师座右铭，我选择了陶行知的这句话，于是便记住了。虽然这只是邹教授讲座过程中的一个小话题，但带给我们的启迪是陶行知的教育思想和理论虽经历史的打磨至今仍不失其教育价值，陶行知教育思想中的一个理论、三大原理、四种精神、五大主张仍对我国现今的教育改革具有很强的借鉴价值和指导意义。

通过今天的培训活动，我较为清晰地意识到综合实践活动课是以学生的兴趣和直接经验为基础，以学生学习生活和社会生活密切相关为内容，以活动为主要发展形式，以研究性学习为基本学习方式，以培养学生的创新精神、实践能力，体现对知识的综合运用为主要目的，培养和提高学生的各种能力。

"没有体育与艺术的学校是没有生命活力的学校"，我们要做的就是积极行动起来，根据学生学习、生活中遇到的问题，找准孩子们感兴趣的切入点，确立综合性实践活动的主题，如邹教授讲座中亲自示范的魔术课、吹叶等，这样的实践活动能极大地调动孩子们学习并实践的兴趣，也能使孩子们积极参与到活动中来，从而达成提升综合素养的目标。

2017年12月9日上午，培训开展了"破冰活动"。"破冰活动"是一种打破人际交往间怀疑、猜忌、疏远的游戏，就像打破严冬厚厚的冰层，让冰进而化于水，使得水冰交融。今天的破冰颇有几分家乡品牌推介会的意味，也充满了民族特色、地域格调，雅俗共赏、歌舞联欢，也成为国培活动中的一节生动的实践课程。"破冰活动"中，副班主任李野老师对培训内容进行了安排部署，班主任洪永溢老师做了动员讲话并强调了"破冰活动"环节注意事项。每组选定组长后并讨论确定组名、口号、主题，以游戏或才艺展示的方式，展示小组文化和愿景，提升班级凝聚力，营造良好的学习氛围。我所在的第一组学员主要来自兰州，我们以兰州的特色牛肉面为素材，将组名命名为"牛大组"。组内口号借鉴了我校的学生口号"你行，我也行，结伴万里行"，将其改编为"你行，我也行，结伴苏大行"，以此来表达我们对此行的期待与憧憬。

下午，常州市武进区教研室教研员、特级教师钱新建老师做了主题为"立足综合实践活动课程，发展专业教师"的讲座。钱老师首先从自己的教育生涯说起，然后结合自己多年的专题研究及成果，主要围绕"为什么要开设综合实践活动课程""为什么要教这门课程""我们该怎么样教这门课程"等方面进行了阐释并提出了建议。平淡朴实的言语中，无不透露出钱新建老师的严谨与睿智。

在认真聆听的过程中，我意识到综合实践活动不是一门副科，而是任何老师都能根据自己所教的教材开展相关综合活动的一种教学活动，走进异域再走出来就是教师专业成长的一种方式。

很多时候，老师们一提到综合实践活动就为难退缩、不敢尝试，其实综合实践活动是最容易上手的课程，因为综合实践活动除了纲要，什么也没有——具体教什么？没有。怎么教？也没有。教、学、评全由老师自己决定方式方法。没有哪一门学科会给老师这么大的自由度，这也给老师开发课程提供了很大的空间。因为孩子们参与实践的过程就是结果，只要教师有良好的课程意识，就可以灵活、自由地决定教什么及怎么教。

聆听讲座中，我们看到了一段《美丽从"头"开始》的视频，这视频中参与演出的小学生是学校推选出来的，但讲述的事情完全源于这些学生所在的学校。一个孩子的奶奶有白发，他因担心奶奶经常染发会对身体有害，为此苦恼不已。于是，通过去超市了解、去理发店咨询、去问科学老师、上网查植物染发剂等途径，发现可以通过用自制植物染发剂的方式减少染发对身体的伤害。于是，孩子们分工寻找所需的材料制成染发剂，亲自给奶奶染发的实践。在实践过程中，孩子们走进了社会，更加深刻地了解了生活。

钱老师的讲座，深入浅出、针对性强，有理论层面的提升指导，更有实践层面的宝贵经验；既给参训老师指明了方向，也增强了参训教师坚定不移做好教师的决心。

12月15日上午，我们走进苏州市沧浪实验小学，聆听了谢健老师执教的"做情绪的主人"。这节课如行云流水，教师在教学中充分调动了学生的情绪，课堂氛围极为活跃，对学生的引导很到位，谢老师驾驭课堂游刃有余、无可挑剔，值得学习！之后的讲座中，我能感受到他在践行综合性实践课程这条路上的坚守。临近结束时，他这样说："且行且吟，待莲花开处，便是欢欣！"

12月16日，我们聆听了武昌区教研培训中心教研员沈旎老师的讲座《综合实践活动纲要理解与实施——来自教研员的角度》。沈老师的讲座很特别，她从教师关注的问题说开去。讲座中所举的例子有血有肉，她用摄像头记录了课堂上看到的真实、具体的实践活动课程情境，还用现场的语言描述了具体的过程，从孩子们的言谈举止中证明了自己对核心素养中具体内容的解读。她告诉我们——学会学习很关键，在互动过程中完成的学习才有可能真正落到实处，只有把学到的知识运用在生活中才叫真正学会了。她激励大家回去后一定要有所改变，要带着疑问去探索实践活动的课程，要带着种种落差和疑问靠近综合实践活动课程。只有这样，才会有研究开发这门课程的动力，才会和学生一起走进学习的过程，只要走进了学习就是脱离了舒适区，脱离了舒适区就意味着超越与收获。"不是因为厉害了才去做，而是因为做了才变得厉害。"沈旎老师的这句话将激励我在综合性实践活动课程这条路上不懈努力，勇往直前。

熬，是生命最好的磨石；熬，是上天赐予你与自己灵魂对话的机会，是"天将降大任于斯人也"的先兆。因此，在开展综合性实践活动课程的这条路上，要沉得下心，要耐得住寂寞，也不要轻言放弃。当然，综合性实践活动课程的一路推行必将是一段艰难的岁月，熬得住，才有柳暗花明。

活在当下

2018年暑期，学校组织老师参加了"心智装备训练营"活动，我也去了。8月22日，我们来到榆中县，住在兴隆山正园宾馆。此次活动从活动环节到活动模式都是经过精心打磨，逐渐完善形成的——15年，152期，昨日的时尚成为今日的经典，今日的时尚未必成为明日的经典。15年的历练，才有了"三为盛世"今天的经典。

随着一阵热烈的掌声，今天培训的重量级讲师刘逸舟老师上场了。刘老师说："尊重先从真诚的自我介绍开始。"经他自我介绍后得知，他是来自平凉庄浪的农村孩子，大学时在上海读书四年对他的影响非常大，让他的思想、见识都有了积淀。毕业后，他从事过零售业、制造业、通讯业、教育等许多行业的管理、培训和策划，无论经历怎样的潮起潮落，他都凭着信念和勇气，执着地朝着自己心中的目标努力前行，终究被推到了中国培训业的风口浪尖上。

刘老师的讲座，有人说是洗脑，有人说是浪费时间，智者见智，仁者见仁。工作顺心不顺心，生活幸福不幸福，不在于物质条件或是经济状况，完全取决于自己的心态，或是对待生活、工作的态度。

任何一次培训都有值得学习或借鉴的精华部分。由于人生活的环境不同、所受的教育有别，对同一事物或他人的见解就会有不同的感受和认知。我们只管吸纳对我们有用的就好，至于不适合自己的不采纳便好。如果每次的培训我们总是用挑剔的眼光，用抵触的情绪去对待，只能使自己变得更加消极。

我很赞同刘老师对待工作的态度。所以，我们要感恩现有的工作岗位，珍惜拥有的幸福生活，与其成天忧心忡忡地抱怨工作、生活多累多苦，不如放下烦恼，活在当下。

　　这次培训，让我在参与体验的过程中将烦躁不安的心安静了下来，在安安静静学习的过程中，才发觉内心的杂念与曾经的苦恼被暖暖的启迪清洗了。一个强烈的愿望，一种清晰的期盼在心中萌生——珍惜现在拥有的，活在当下，认认真真做好自己。爱自己的工作，因为这是我们的饭碗；爱自己的家庭，因为遇见是几世修来的缘分；爱自己的学生，因为珍爱生命是我们最大的修行……

　　遇见就不要错过。既然选择了为人师，就用心对待这份太阳底下最崇高的职业。与其忧心忡忡，不如丢掉烦恼，活在当下。专注地做好一件事情，卑微自己，神圣使命，让自己的生命绽放出灿烂的光芒，争取在教育之路上沐浴着阳光般的温暖，成就更多的人。

第七章

07 生活随想

教育要内化

下午要去上班，在所住小区看到一辆车，因小区空间小，该车无法掉头，只好倒退着向外开去。由于正赶上下午上学时间段，小区内向外行走的学生很多，再加上我所住的小区离学校很近，于是很多人在这小区内租房开小饭桌，每到上学时间，进出的学生就特别多。

因我也要去上班，那辆车在倒着向外开出时和我是面对面的。随着那车向外移动，我也缓步向小区外行走。小车倒行中不时按喇叭提醒车子后方的学生，一是提醒他们注意安全，二是希望他们能靠边行走。尽管小车司机多次按喇叭，但车子后方的那几名学生仍然打打闹闹，推推搡搡，没有一名学生理会身后传来的喇叭声，他们全然不顾的样子很像一个个"路霸"。喇叭声还在响，我也继续向外行走，那些从小饭桌离开的孩子依旧我行我素。总算到了小区大门口，那些孩子们向左拐去了，车子也离开小区门驶向了马路。

可能是一直当班主任的缘故吧，无论是在校内还是校外，当我看到学生这样或那样的不良行为时，忍不住会说几句，在我看来这是做班主任最起码的职责。于是我紧走几步，跟上刚才挡在车后方丝毫不避让的两个男孩，说："小朋友，刚才那辆车反复在打喇叭，你们为何不让一让？"

"我为什么要让？"其中一个男孩傲慢地说。他以为我只是一位过路人，根本没有将我放在眼里，言语中流露出的是——别多管闲事。其实，这正是现代社会中好多人看到不良之风时不敢说、不敢管的主要原因，谁会愿意因为陌生人的事自讨苦吃、自寻烦恼，有时甚至是遇到被揍的可能呢？

但我还是执拗地反问道："你为什么就不能让？"

"给他让，我往哪儿走？"

"你非要挡在路中间，靠边走不行吗？你就是这样落实24字核心价值观的？如果学校老师听到你刚才的言语会怎么想？"

那孩子一下子感觉好像不对劲了，因为学校一直在反复强调孩子们背诵、践行、落实社会主义核心价值观。他抬头看了我一眼，可能是有了似曾见过的感觉，于是改口说："是他拉着我的！"他将不让路的原因推卸给旁边的男孩，和他并排的那个男孩一听这话，也推脱说："是他不让的！"

当我走进校园里，再次看到其中的一个男孩时，随口问"你是哪个班的"时，那个男孩不好意思地说："×（1）班！"

从孩子一上学开始，学校老师一直在教育孩子们按照《小学生守则》的要求规范自己的行为。当问到《小学生守则》中有哪些要求时，很多孩子会争先恐后、随口说来；当各班班主任让孩子们背诵24字核心价值观时，各个学生都背得滚瓜烂熟。但有多少学生将文字内容内化在自己的行动中了呢？

由此可见，社会主义核心价值观教育要从以往单纯的、外化式的灌输向内化教育与外化教育相结合的路子进行转变，这是新时期加强小学生社会主义核心价值观教育的内在要求。要实现这一目标，需要学校、社会、家庭三结合齐抓共促，这样才能使小学生从小就成为一个有道德、有理想、有文化、有纪律的"四有"新人。

抓住教育的根

父母溺爱孩子本就无可厚非,独生子女这一称呼的出现更加剧了父母爱孩子的程度。一大家子人整天围着一个孩子——从早上一睁眼就在为孩子规划——今天穿什么衣服,早上吃什么,几点出门,由谁去送;中午几点接,谁去接;下午由谁送,晚饭做什么等。

优越的家庭条件以及家长百倍的溺爱,使得孩子们的要求越来越高,甚至越来越过分。做父母的把满足孩子们的一个个要求当作对孩子的爱——就一个孩子,不能让孩子输在起跑线上。于是,听到哪里有火爆的辅导班就往哪里扎堆,丝毫不管那个辅导班适合不适合自己的孩子。父母禁不起一时的冲动,孩子们只在乎一时的新鲜劲,新鲜感过后,孩子便会找各种不愿再学习的理由,家长便因心疼孩子作出妥协,还美其名曰——尊重孩子。于是进班、换班,再进班、换班。孩子们就是在这样的进出中形成了一种习惯——不喜欢就可以换,而且是随时换。于是,很多孩子便从一开始报班就做好了退路,不喜欢就可以不上了。一些家长毫无原则的民主让孩子们从小就缺少责任感,也没有做好吃苦的准备。但很多时候,是家长不愿意也不忍心看着孩子吃苦——就一个孩子,不想让他那么辛苦。爱的理由那么充分,但事实是孩子们在家长的一味退让中学会了逃避、放弃和推卸。

在进进出出辅导班中,孩子渐渐到了上小学的年龄。由于好多孩子小小年纪就上各种辅导班加重了课业负担。一句不要让孩子输在起跑线上,让多少孩子失去了本该快乐无比的童年生活,让多少家长失去了本该与孩子在一起时的美好时光。

不要让孩子输在起跑线上,在很多家长眼里,不输在起跑线上就是一味地报各种班,让孩子在各种班里超越其他孩子,只要会弹、会唱、会跳、会写……总之,会得越多越好。但纵有千般会，不会做人依旧是绊脚石。家长用了那么多的人力、财力、精力去陪孩子学各种技能，却忽视了作为父母必须教孩子学会的一些基本技能——守规矩，懂礼貌，会交际，能自立……

教育的意义

今天翻看QQ群时，看到一篇标题为《愿天下所有老师们都能听到这篇演讲》的视频，于是点开看了。视频内容是《我是演说家》节目中一位董老师在演讲《教育的意义》。

董老师精彩的演讲结束后，主持人和现场嘉宾均一致表示"讲得好"。听过那么多场《我是演说家》的演讲，唯独这场演讲让所有嘉宾除了说"讲得好"外再无话可说，全部5分通过！

那一刻，不是嘉宾不想做点评，而是所有的语言都显得无力。此刻就想再重温那令人震撼的一幕以及发人深省的语言之后隐藏的深层意义。教育的真正目的有两个层面：第一层面，通过获取知识，能够提高个人修为，增加我们对生活的感受力，从而认知自己，并不断提高自己；第二层面，为天地立心，为生民立命，为往圣继绝学，为万世开太平。如果有人再问教育究竟有什么用，看完董老师的演讲全文，也许你会明白更多。

看了这段视频后，给我的感触太深，就上网搜这段演讲视频的文字稿，当我真搜到了演讲的文字稿时，欣喜若狂。我一遍遍地读这篇演讲稿，每读一遍就惭愧一次。因为同样身为教师的我在从事语文教学中很多时候做的不是教育，而是在教孩子怎样把握住每篇课文的重点、考点。课堂中我总会说——"这个问题很关键，经常考，要背下来""这个词语经常考，要记住容易出错的部分""做阅读题要把握住文章的主旨"等。每次当我上课强调过的、勾画过的、让学生写在书中的内容出现在考试卷中时，学生总能如鱼得水般完成，考试完后还不忘在父母面前夸赞我一番："今天的考试题中有好几道题都是我们老师上课强调过的。"

曾经无数次，我也自认为这是我做教师的成功之处，因为我能敏锐地读懂出题者的心思，因为多年的教学经验，我也能准确地把握住教材中的考点。可是当我看到这段视频后，当我一遍遍读完这篇演讲稿后，我才意识到很多时候是阶段性的成绩诱惑蒙蔽了我们的眼睛。

　　教育不仅仅是给学生传授知识，还要提高学生的道德修养，增加学生的生活感受力，在正确认识自己的前提下不断提高自己、适应社会。

教育的本色

"**本**色"是指物品没有经过染色的原来的颜色。古以青、黄、赤、白、黑五色为正色，也称本色，也指本来的面貌。教育本来的面貌是怎样的呢？什么才是教育的本色呢？

著名教育家陶行知先生说："千教万教，教人求真；千学万学，学做真人。"这短短的16个字，道出了教育的本色。教会学生做人才是教育的根本所在，它应当是教育的核心与灵魂，是教育的原点与本色。

著名教育家苏霍姆林斯基深懂教育的本色，他懂得尊重人性、发展人性。在他所经营的帕夫雷什中学的校园里，看不到贴满每面墙壁的"校园文化"，能看到的只有简单的几个字——热爱你的妈妈！这句极其平凡的话语触及孩子心灵中最柔软的部分。苏霍姆林斯基的这一做法与我们所谓的"大教育"相比，应该算是不值得一提的"小教育"。然而，正是这句"热爱你的妈妈"成了苏霍姆林斯基为之奋斗一生的教育信念和教育追求，也成为激励孩子们不懈追求的动力。

教育的本质就是教人求真、求善、求美，怎样才能回归教育本色呢？

首先，必须回归教育原点。一直以来，我们的双眼习惯了"向前看""往远看"，很少回头望望我国古代的一些教育。这个原点，或许就在蔡元培的行动里，就在陶行知的著述里，就在孔子的闲谈里……

其次，要用对待花苞的心态平静地做教育。只有整个社会都把心沉下来，摒弃浮躁的心理，我们的教育才有希望。

最后，要办朴实的教育。教育是朴素的、朴实的。教育的本色如此，教育的特色也应如此。我们不能因为追求鲜明的"教育特色"，而将教育置于华丽、虚假的境地。

　　舍本逐末的结果有可能会捡了芝麻丢了西瓜。只有做好教育本色，才可能真正显示出教育自身的特色。

有一种修养叫平心静气

爱美之心，人皆有之。所谓"年过四十天过午"，保养容颜、延缓衰老也算是一种积极的生活态度。

早上去离家不远的第五大道"爱斯即膜"做面部护理。正在做护理时，听到店里进来一位女士。

"有没有口罩？"

"哦，没有！"

"有没有口红？"

"哦，没有！您到前面做美甲的地方看看，那儿有口罩和口红！"

"哦，知道了！谢谢您！"

"不客气！再见！"

以上就是店里进来的一位女士和给我做护理的那位女士之间的交流。当时，我坐在稍稍倾斜的椅子上，没有看见进来的那位女士的面容，但从她说活的声音能听出她当时的心情是很愉悦的！我也被店员耐心热情地回答感动了。

这使我想起了我遇到的一件事。一日，我和朋友约好去吃饭，结果找不到约好饭馆的具体位置了。我看到身旁有一家卖奶茶的小店，店主正在玩手机，就问道："您好！麻烦问问'旺家味道'（饭馆名）从哪里上去？""不知道！"（后来找到时才发现饭馆入口就在他旁边的一个小道处）。那位男店主头也没抬，依旧在玩手机。从他说话的声调和语气，足以听出他既生气又很不耐烦。我不敢再吱声，也不敢生气。因为我有求于人家，帮不帮我是人家的权利。我没有权利强求人家用温和的语气对待我。但我当时内心是很气愤的，只是问个方向而已，可以不说，但也没必要吼叫啊！

　　同样是问人者，同样是被问者，但被问者的话语留给问人者的感受却大不一样；同样是生意人，但对待陌生人的态度也大不一样。如果某天我再次经过那个奶茶店，恰巧特别口渴，想成为一位喝奶茶的消费者，我会买这位男店主的奶茶吗？如果这位奶茶店主对待不买奶茶的人一直是这种态度，估计很多人看到这个奶茶店即使很渴也都嗤之以鼻，还会和很多的朋友讲起一段不愉快的遭遇。结果可能是这个奶茶店的生意越来越做不下去。如果路人想成为买面膜的消费者，她定会想起面膜店那位热情的女店员而去买面膜，不仅如此，也许还会带很多的顾客去那里消费。

　　这使我又想到了我所从事的工作，作为一位小学教师，常常会遇到学生告状的情形。正在上课，有学生举手告状；刚进办公室想休息会，有学生来告状；正要准备回家，有学生要告状……很多时候，老师们可能因孩子们告状的时间不对，而用男店主那样的语气和学生说话，能够想象到孩子们听到老师的回答或是解决问题的方法时会是多么的难过或是委屈。

　　可见，不管什么时候，平心静气地说话或办事真的是一种修养。作为教师，更应该学会平心静气。如果教师总是火气冲天、大吼大叫，总是火急火燎、毛毛草草，带出来的学生遇事恐怕也是大声吼叫，乱了方寸。

漫长的等待

家中有一盆花，是弟媳从她家花盆中剪下一小枝，随手插在一红色塑料小花盆中送给我的。

至今，我还记得它初来我家时的样子——只有三层花叶，每层两片叶子，大大小小共六片叶。叶片很小，小得连住在直径四寸大小的"家"中，依旧能看到外露的"地毯"。

它平凡、朴素，且一点儿不娇贵。对它的关照仅仅是放在窗台上，让它沐浴着灿烂的阳光，隔几天给它喝口水而已。

渐渐地，它的叶片变大了，也增多了！又过了些日子，竟从根部又发出一根新枝来。不久，新枝上也长出了叶片来——两片、四片……眼瞅着原先那个"简陋"的家越来越拥挤，我有些不忍心了，于是找来一闲置的花盆给它换了新居。可能是增添了新土，也可能是它有了施展自我的舞台，它长得越发茂盛了！从先前的一根新枝到现在的五根新枝，而且叶片增加了不少，数量也增加了。去年腊月初的一天，我发现它竟长出了花苞，从看到花苞的那天起，我就盼着它快快开花，好及早目睹它的花容。

可它根本不理会我，花苞期长得可怕——我等啊、盼啊！足足一个月后，我才看到了它开出的第一朵花，花很小且只有四片花瓣，根本没有我期待中的那般好看。再后来，又开出了第二朵、第三朵……

大年三十那天去了老家，正月初四返回家中给它浇水时，无意间发现那些起初不起眼的花苞竟有序、成排地开花了。这是我万万没有想到的。原来，它的花苞期那么长，不是懒惰，不是自卑，也不是消极，它是在静静地、认真地规划自己盛开时的样子。好一盆有"心机"的花！

　　不是所有的花都会如我们所愿地如期开花，这正如我们所面对的学生一样：很多学生没有像我们眼中的优秀学生一样提早展示风采，并不代表他们永远不会有精彩的一面。如果我们能用花苞心态对待每一个孩子，更美、更精彩的风景会向我们遥遥招手。

　　相信每一个孩子，他们就像那含苞的花朵，等待盛开的过程也许会很漫长，但它盛开的样子绝对是独一无二的。每一个生命都是一粒充满神奇的种子，其中一定蕴藏着不为人知的神秘与精彩。

　　作为一位教师，爱学生就从唤醒这种蕴藏着的美好与神奇做起——相信学生能挖掘内在的潜力，成为那个最好的自己。在陪同孩子们前行的路途中，少一些催促，多一些等候。因为教师的等待能挖掘学生更大的潜力，让每个学生施展更多的才能，使生命绽放出更加灿烂的光芒。

　　这样一盆花，也许它在别人家中极为普通，但在我看来却极不普通。因为每个生命都是这个世界的唯一。关注每个生命，关注每个孩子，为每个生命喝彩，为每个生命点赞，为每个生命颁奖，应该成为教育的使命！

岗位与舞台

日去超市购物，在我寻找需要的物品时，眼前晃过一辆清洁车。令我注目的不是这辆车，而是推这辆车的人。他看上去已年过花甲，虽两鬓斑白，但精神矍铄。他两手推车，笑眯眯地目视着前方的地面，所过之处的地面一尘不染。我回头望了望这位老人，连背影都散发着愉悦之感！

除夕夜看电视时，一位铁路上普通的工作者给我留下了深刻的印象。他从事的工作岗位是除去火车便池上的结冰。他戴着厚厚的手套，穿着厚厚的棉衣，一边微笑着和记者聊他的工作，一边使劲敲击着那厚厚的粪便结冰。用力敲击中粪便冰花不时四溅，肆意着落，连一旁的记者也不放过。问记者怎么不戴口罩，他说："太闷了！"记者又问："铲除这些冰块时，会不会溅进嘴里？"他笑着说："也不知吃了多少了！"从他的言语中能感受到他从不嫌弃这个岗位，因为是岗位成就了他人生的价值。

其实，每个岗位都可以做得很精彩，每个岗位都可以成为自己人生的舞台。生活一开始就为我们搭建好了各种各样的舞台，是在舞台周围徘徊还是在舞台中央旋转，全由自己决定。人生舞台的大幕随时都可能拉开，关键在于你是用心表演，还是选择躲避。如果想在属于自己的舞台上尽情舞蹈、演绎精彩，就认真对待所从事的岗位。只要在各自的岗位上努力工作、体现价值，岗位便是人生为我们量身打造的舞台。

岗位没有高低贵贱之分，不要总是瞧不起自己所从事的工作岗位，因为它不仅仅是工作，还能救赎你于茫然。如果整天浑浑噩噩，不精进，不反思，每一天都只是复制粘贴前一天的工作，定会牢骚满腹，抱怨不断；如果人人都能热爱自己的岗位，干一行，爱一行，钻一行，精一行，便有了施展自我才华的舞台；如果人人眼里工作岗位是日夜相对的恋人，是身后隐形的翅膀，工作岗位就绝不仅仅是一个平台，而是演绎精彩的舞台。

　　和诸多工作岗位相比，我们所从事的教育岗位令许多人羡慕不已。教育工作让我们与孩子们相伴，不再孤单；让我们在修行的同时，成就未知的自己。尽管如此，工作久了职业的倦怠感便涌上了一些老师的心头——抱怨、伤感、懈怠……教师是精神的传道士，必须拥有好的心态面对工作和社会，有了良好心态就会少些烦恼，多些快乐；少些狭隘，多些豁达。假使我们在教育岗位上也能用尽洪荒之力，该是一种怎样的精神境界？既然是我们自己选择了教育岗位，那就心甘情愿地、轰轰烈烈地爱它一次。

　　心有多大，舞台就有多大！只要我们用心去做教育，也能在教育这一大舞台中创造更多的辉煌，因为行动就有收获，坚持才有奇迹！

热　爱

今天，我坐车去附近一地下商城，准备购买一些练毛笔字的用具。经过一广场时，看到那里人头攒动，就停下了脚步，原来兰州银行在此举行"元宵节猜谜暨存款业务宣传活动"。活动刚一开始，围在谜面周围的人们便抢着撕谜面条，然后赶紧跑向兑奖区。眨眼的工夫，之前站在广场各个角落的人都拥在了兑奖区——里三层，外三层。

兑奖区越是热火朝天，广场上其他角落便越是宽敞安静。

一位头发花白的老人在水泥地上练字。他站立着，手里拿着一根毛笔——笔杆很长很长，笔头并不很大。旁边放着一个装着水的铁罐，他不时地用笔蘸一下水，一笔一画用心写着"好雨知时节，当春乃发生"……

周围陆续有人驻足欣赏，来地下商城的初衷促使我也停了下来——既被他写的字吸引，也被他写字的笔吸引。他写了好一阵后，可能是站累了，便停止写字，扶着笔杆在地上按了几下笔头，残留的水分便留在水泥地上，之后揉揉腰部后坐在旁边的水泥凳上，那支笔也依偎在他的身边。

我鼓足勇气走上前，问道："叔，您好！我想问问您写字的这支笔是从哪里买到的？"他抬头看了看我，或许是奇怪我怎么会问这个，不过他笑着说："这笔买不到，是我自己做的！"我吃惊极了："这怎么做啊！""你看，这笔头是用海绵做的。先找一个矿泉水瓶，在接近瓶口大约两寸处剪断，找一些海绵把它拧得紧紧的，从瓶口塞进去，把瓶口和一根长杆子固定在一起。接下来用剪刀把露出瓶体的海绵剪成毛笔头样，就可以了。"这位老人说得很详细，我听得很认真，很快也学会了怎样做这种毛笔。回家以后，我也想尝试着做一做，这样我就可以在家里的瓷砖地上以"拖地"的名义写字了。

　　谢过那位老人后，我离开了那里。一路上，由这位老人我又想起去年春天去放风筝时见到的另一位老人——他骑着一辆自行车，车子上全是风筝、线盘，大的、小的……他到场地后，先取下风筝，不紧不慢地平铺在地上，再取下线盘，找到线头和风筝连接在一起。接下来试试风，如果有风，便将风筝放在一块平地上，他向远处走一段距离后，再快速跑几步，风筝便悠悠地向天空飘去，越飘越高，越飘越远。看到这位老人的风筝飞得那么高，我和儿子当然很羡慕。在他坐下休息的空儿，我问道："叔，您这风筝飞得这么高，很贵吧？""这不是买的，是我自己做的！我做过好多的风筝……"于是，那位老人就津津有味地讲起他做风筝的事儿……

　　两位老人的回答和做法竟出奇的相似，虽然爱好不同，但对待爱好的态度相同、热情相同，这都源于两个字——热爱！因为热爱，所以愿意付出，愿意动脑，愿意动手。但他们对于自己钟情的事绝不仅仅是爱，在他们眼里，一旦真正喜欢上了做某件事，和这件事相关的任何事情都是那么值得、那么迷人、那么有意义。爱与热爱，虽只是一字之差，但由爱到热爱之间需要时间、需要行动、需要毅力、需要坚守。

　　热爱真是一种动人的境界！

责任在肩

责任，挂在嘴上，不如记在心上；记在心上，不如扛在肩上。它不一定能使你的前程灯火辉煌，但一定会给你一份丰厚的人生礼物。

近几天，新闻或是网页中看到最多的是一宝马车被撞掉倒车镜的事。事情是这样的：薛先生是登封人，他在浙江开了一家公司，春节时回新密过年，将自己牌号为浙D5A×××的宝马车停在了新密市西大街的停车位上。第二天上午发现宝马轿车的左倒车镜被撞坏，左车门和车后方分别留着20多厘米的划痕。爱车被损坏，他自然很生气，但就在他拉驾驶室车门准备上车查看时，在门把手内侧竟摸到了一个纸卷。他打开一看，是一封道歉信，信中还包裹着311元现金。看了道歉信后，他一肚子的火顿时消了。后来薛先生选择了"报警"，以便找到撞坏他宝马车倒车镜的肇事逃逸者——不是跟肇事者索赔，也不想追究肇事者的责任，而是要将肇事者留下的311元现金当面还给对方，如果对方家境贫困，他还愿意资助对方完成学业。车主薛先生之所以有这样的举动是被该学生的诚实和敢于承担责任的行为深深打动了，因此产生了想资助该学生的念头。

今天看到了这件事的最新进展，"穷有信，富且仁"的主角之———撞坏宝马车留信留钱表歉意的孩子终于找到了。于是，薛先生让自己的女儿给陈××送去了"助学金"一万元。

我还听过这样一件真实的事情。一天早上10点多，一个上完辅导班的初中男孩因没有吃早餐，回家路上去一早餐摊处买早点。买早餐的人依旧很多，他也要了个手抓饼。摊主忙碌着，他几次望向那早餐的主角之———番茄酱，原来番茄酱罐快要空空如也了。摊主抬头望了望围在周围的人，显得焦急却又很无助。他再抬头时看到了和他对视的那个初中男孩。他用恳求的语气说："同学，能不能帮我买一瓶番茄酱！"这个男孩毫不犹豫地说："当然可以！"摊主显然像是在危急时刻找到了救星般兴奋不已。他递过10元钱，那男孩接过钱，骑上车子就走了。男孩先后进了附近的好几家商店，都没有买到；后来他想到了大家经常去的桃海市场，虽然离摊主那儿有些远，但那市场肯定能买到番茄酱。于是他骑车去了那里，总算买到了。他再次骑车，车轮转得飞快——怕耽误了摊主卖早餐，怕耽误了买早餐人的时间。终于，摊主满头大汗地站在了摊主面前。摊主惊诧地望着面前的这个男孩，眼神中流露出的是满满的感激与感动。推主快速抓起一张饼，摊开放在炉面上，熟练翻转，夹火腿肠一片又一片，煎鸡蛋两枚，生菜叶数片，抹上诱人的番茄酱，卷起后，放入袋中，递给了那个男孩。男孩看着那裸露在面饼外的火腿肠、鸡蛋、生菜叶，不好意思地说："太多了！"摊主微笑着说："真心谢谢你！"这个初中男孩就是我儿子。

　　以上两件事中的主人公都是学生，一名是高中生，损坏他人东西主动道歉、赔偿；一名是初中生，答应别人的事一定要做到。从他俩所做之事中可以看出他们都是有责任感的人。

　　所谓责任感，是指个人对自己和他人、对家庭和集体、对国家和社会所负责任的认识、情感和信念，以及与之相应的遵守规范、承担责任和履行义务的自觉态度。有责任感的人都会做好自己分内的事，对自己所承担的事情尽心尽力、认真负责地完成。一个人能承担多大的责任，就能取得多大的成功。

　　刘易斯认为，尽管责任有时使人厌烦，但不履行责任，只能是懦夫，是不折不扣的废物。梁启超认为，人生须知负责任的苦处，才能知道有尽责的乐趣。当一个人对所经历或参与的事情充满了热情时，便有了责任心，因为热情的基点是责任心。

　　作为社会公民中的一员，每个人都应该成为有责任感的人。而且责任不应该是单方面的，不同的环境、不同的时期、不同的工作、不同的角色要勇于承担不同的责任。就如教师除了认真教书外，还应该教人做人；再如学生除了认真读书外，还应该把学习人生之道作为责任。

　　责任感是做人的基石，一个没有责任心的人对自己的行为也不会负责，有的甚至不顾最基本的道德准则，损害他人和社会的利益。

责任感是一种态度，当你很负责任地完成某项工作时，往往能取得事半功倍的效果。责任感是一种能力，又远远胜过能力，做有责任感的人，能助我们一臂之力！

我要做的是，继续努力做一位有责任感的老师，努力培养更多有责任感的学生。

享受春光

早晨，一缕缕阳光穿透玻璃跳到我的眼前。我伸了个懒腰，赖床三分钟，据说这是养生的秘籍之一。

走到窗前，股股太阳的暖意涌遍全身，似妈妈的手抚摸般温情。我打开每一扇窗户，让阳光大踏步地走进我家——如果她愿意，每一间房子、每一个角落她都可以随时入住。

站在窗前，暖意融融，窗外一只苍蝇飞来，踮起脚尖站在玻璃上，探头，观望，舞蹈，飞走……平时看到苍蝇，鄙视、嫌弃、厌恶，一股脑儿围在周边。今日见到它，竟出奇地惊喜——它是春的使者，在春的召唤下苏醒，跟随着春的脚步飞舞。哦，跃动的生命竟是那般美好！

我将家里的花全都搬到太阳尽情光顾的阳台上，浇水，洗花叶，那一片片新叶愈发鲜嫩、富有生机了。

悄然间，春的气息竟那样浓烈、那样热切地展现在我的眼前。

我张开双臂，仰起头大口吮吸，呼气；再吮吸，再呼气……接下来，两手抱臂，将阳光拥入怀中，让她沁入心间，这才是阳光顶级的智慧与软实力。那一刻，我竟发觉拥有阳光的日子真美好，拥抱阳光的感觉真奇妙。

打开手机，循环播放了一首我喜欢的歌曲。伴随着优美的旋律，我整理床铺、擦地板、拖楼道……打扫完卫生后，沏一杯茶，放在床头柜一角，让茶叶在开水中静置、浸透、包容、舒展——慢工才能出细活。在耐心等待的时间，我手捧一本书，斜依在床上，让暖暖的阳光沐浴我的背部，那么舒服，那么自在，那么幸福！我就这样在茶和书的陪伴中修身养性，平静内心，去除杂念。

午后阳光泛滥得不要不要的。我走出家门，去户外享受阳光的洗礼。路边，稍宽敞些的地方总能看到一些老人围坐在一起，或是打牌，或是下棋，他们在娱乐中享受春光，连围观的人也乐在其中。我优哉游哉地走着，没有目的地，任随脚步左右。一路上，春随处可见——它携在温暖的春风里，挂在漫天飞舞的蒲公英上……

与其总是抱怨失去的点点滴滴，不如时常庆幸拥有的点滴幸福。珍惜时光、珍爱生命、热爱生活，幸福便会像每天升起的太阳般按时出现在你的眼前。

每一天，看见阳光都在，我就看到了未来……

牵 挂

晚上，我正在家中练字。电话响了，是母亲打来的。一瞬间，莫名的内疚感袭来——往常，我总是隔几天或是一周给父母打个电话寒暄寒暄。这次自春节时回家看望两位老人后已有半月了，没有给父母打过一次电话。尽管近几天时常都在提醒自己要给父母打个电话，可一忙便忘了。今天早上还想起给父母打电话的事呢，没想到还是母亲先给我打电话了。也许，这就是心有灵犀一点通吧！

接通电话后，母亲说："你好着吗？这次回去后好长时间没打电话，没啥事吧？"我一时语塞，一个劲儿地说没啥事，只是一忙就忘了。母亲并不怪我，她打电话只是想听听我的声音和我报的一声平安。和母亲聊时，电话那头母亲总说："这电话怎么听不清楚！"我便放大嗓门，顺便问一句："现在听到了吗？""能听到了！""让亚玲（我侄女）调一下通话音量！""嗯，这电话没动过，怎么音量就变了？"母亲自言自语地认为是电话的问题，可我知道是母亲听力下降了。但我不想用我的言语证实，因为母亲很在乎我说的每一句话。和母亲东一句、西一句地聊了好一阵后，便挂了电话。

说实话，心里不是个滋味——已是母亲的我还要让我的母亲来操心——在母亲眼里，儿女即使已经年长也仍旧是个孩子。

我想到今天写完毛笔字时照的两张照片，就让儿子发到我侄女的手机上，淘气的儿子写道："姐姐，这是我亲娘写的。你让我亲娘的亲娘和亲爹看看啊！"

不一会儿，儿子就收到我侄女发来的消息："爷爷奶奶说写得好得很啊！"儿子将这简单得不能再简单的夸赞转告给我时，我甭提有多高兴了。父母都是地地道道的农民，父亲只上过三年级，母亲一天学也没上过。两位老人夸赞我的字写得好，一是很少见到过真正的书法字，二是他们看到的毛笔字是我写的。离开父母在兰州生活已20余载，今天又一次听到父母的夸赞竟那么熟悉，那么喜悦。我又回到了做孩子的那些岁月，好真切，好怀念！

"妈，姥姥姥爷都夸你写得好呢！你继续练啊！"看着一旁鼓励我的儿子，我在想，我有多久没有夸赞过儿子了。

每当我生气跟儿子发火时，他总会这么说："你就一天跟我过不去！怎么那么大的火气？"和我的母亲对待我们姊妹几个的态度相比起来，我做得还远远不够，我要向我的母亲学习的还有好多好多！

曾听过这样一句话："女人是家里最好的风水。"意思是说：一个家庭是否幸福平安，后代能否成才，和这个家庭中的女主人的行为处事有很大的关系。由此看来，作为家中的女人，一定要努力完善自我，为家庭及子孙后代带来福德。

从小看大

那天中午下班，走进小区后看到很多孩子在玩耍：玩滑板的，捉迷藏的，玩踢毽子的，玩跳绳的……孩子们利用中午的时间尽情地嬉闹。继续前行时，远远看到一单元门口停放着一辆电动车，电动车尾部还能看到一个小孩的臀部。当时，我就在想——这个孩子蹲在倾斜立着的电动车旁玩耍，多危险啊！

待我走近那辆电动车时，那个小孩站起来了，很瘦，个子也不高，两个衣袖高高挽起，一手中还拿着一块抹布。在他绕向电动车的另一侧时，我看清了他的面孔，他是我原来一位同事的孙子，今年刚上一年级。原来，他不是在玩耍，而是在擦洗那辆电动车。

经过那辆电动车时，我又看到了放在左侧的水桶，原来之前他撅着屁股在淘洗抹布。虽已超过了那辆电动车停放的地方，但我忍不住几次回头看那个男孩，他时而站立，时而下蹲，认真擦洗那辆电动车的样子看上去好可爱、好懂事。

那辆电动车我很熟悉，每天下午，我去上班期间总能看到这个男孩的妈妈骑着这辆电动车送他去上学，男孩每次看到我时总会热情地问声："阿姨好！"中午能看到这个孩子在擦洗车，我想：一定是他看到妈妈做午饭时忙碌的样子后，主动帮忙做一些力所能及的小事，以减轻父母的负担。

我边上楼边回味那个男孩带给我的感动。脑海中又浮现出曾经看到过这个男孩和他妈妈的一幅画面：男孩的妈妈推着电动车走在前面，男孩提着一个大大的塑料袋，从他缓慢的脚步和稍有倾斜的身体可以断定那个袋子并不轻。在经过小区垃圾箱处时，他将那袋沉沉的垃圾用双手举起后放入垃圾箱。这一动作对于成人来说轻而易举，但对于那个瘦小的男孩来说并不容易。扔完垃圾后，他蹦跳着跑向小区门口等候的那辆电动车，男孩和妈妈很快就消失在了茫茫车流中。

那个中午，我被那小男孩的举动温暖着，吃午饭时，我跟儿子说起了那个男孩。上初三的儿子听后说："有一天，在我上学的路上碰到了那个男孩的爸爸开车去送男孩学数学，因我和这个男孩的学校在同一个方向且离得很近，这个男孩的爸爸顺便将我也送到了学校门口……"总之，我儿子对那个男孩在车上的一言一行赞赏不已。

中国自古就有这样一句话："三岁看大，七岁看老。"它简单明了地概括了幼儿心理发展的一般规律。从3岁孩子的心理特点、个性倾向，就能看到这个孩子青少年时期的心理与个性形象的雏形；而从7岁孩子身上，能看到他中年以后的成就和功业。这种说法虽然也存在概率问题，但也有一定的合理性，如人的性格，有些人自小就很活泼，见人"自来熟"，那么可以预见其长大后也往往容易成为一个外向的人。和很多独生孩子相比，这个孩子所接受的家庭教育中肯定有许多值得借鉴的地方。因为，从这个男孩的表现来看，他至少没有被溺爱过，否则，家长不会让小小年纪的他提着垃圾去扔，也绝不会让他去擦电动车。

美国著名心理学家布鲁姆曾对近千名儿童从出生一直到成年做过追踪研究，结果表明：5岁前为智力发展最为迅速的时期，如果把17岁的智力水平看作100%，那么孩子在4岁前就已经获得了50%的智力，其余的30%是在4—7岁获得的，剩余的20%则在7—17岁间获得。因此，对家长来说，孩子从出生到7岁这一段时期，是必须密切关注和把握的。更重要的是，家长在早教时一定要注意言传身教，在和孩子沟通时，懂得尊重孩子的意见，多些耐心，多些方法，努力做好自己，成为孩子成长中的一面镜子。

信　赖

夜已很深了，但我必须去学校一趟。因我工作室承担的兰州市名师讲堂活动的主持词电子稿丢失了，我只能到学校昨天用过的电脑上去找一找了。

来到校门口，保安师傅刚一开门，一个庞然大物突然间就迎面站在我面前，令我措手不及，我大声尖叫——这大家伙着实吓了我一跳。保安师傅连忙站在了那"大家伙"的前面，说："不要怕，是只狗，这只狗是×老师家的，它不咬人。×老师晚上来加班了，它就一直待在学校大门口。"

听保安师傅这么一说，我虽对它还有怯意，但因生来比较喜欢狗，所以也就没那么害怕了。之后，我从门卫处取了钥匙，向办公室走去。不知何时，它竟也悄悄跟进了校园。

我走进楼，它跟着；我上楼，它前行探路；我进办公室，它也进去了。我打开电脑找我昨天晚上和同事一起做过的活动主持词，它仰起头看着我，竟也满脸的期待，似乎很懂我着急的心情。结果，我要找的文档真丢了！我要下楼，它一会儿下去又一会儿上来，围在我左右，似乎提醒我——没灯，看着脚下。

给同事打电话得知，我要的纸质版主持词在她办公室，让我去取，我便向四楼走去，它又一次跟着我，我看了看身边陪行的它，逗它说："咱们上四楼！"它懂了！真就摇着尾巴上楼了，从它那摇摆的身姿中能看出那一刻的愉悦。可见，它早已断定我是安全的，是不需要它有戒备之心或是充满敌意的。从四楼往下走的途中，依旧有它的身影，一会儿跑到左，一会儿蹿到右，它在为我"保驾护航"呢！那么黑的夜，那么冷的天，却遇到了那么温暖、那么可爱的它——好一条贴心的狗。

这正如作家冯骥才先生写过的散文《珍珠鸟》中人鸟相亲的情景，令人感到温暖——它先是离我较远，见我不去伤害它，便一点点挨近，然后蹦到我的杯子上，俯下头来喝茶，再偏过脸瞧瞧我的反应。我只是微微一笑，依旧写东西。它就放开胆子跑到稿纸上，绕着我的笔尖蹦来蹦去，跳动的小红爪子在纸上发出嚓嚓的响声。接下来，见主人如此友善，便"索性用那涂了蜡似的小红嘴，嗒嗒地啄着我颤动的笔尖……"最后，"这小家伙竟趴在我的肩头睡着了"。正如作家在结尾处写的那样——信赖，往往创造出美好的境界。

没有信任就没有教育。正如苏霍姆林斯基所言："对人的信任，形象点说，是爱抚、温存的翅膀赖以飞翔的空气。"

我曾看到过我班佳柠同学五年级时写的一篇作文，大意是说，信任其实源于爱的碰撞，相信别人，其实就是要去爱别人。当一个人感到别人真诚、无私的时候，那么离信任也就越来越近了。多数人会信任对自己付出爱的人，互相信任的双方才会将心神交汇在一起。

这名学生的观点让我深受启发。其实说来说去，信任终究来源于爱，这也是教育始终离不开的最普通的字眼。

爱孩子就先从相信孩子做起吧！

特等奖

今日，我去参加兰州市一名师工作室开展的培训活动。午饭后，我们走进该校的休闲区。一进去，就看到那位名师和我区一位语文教研专家在聊天。

见我进来，那位名师说我的课题得了特等奖，问我能否讲讲怎样做课题。我一时有些懵，惊诧得语无伦次，也不知说了些什么。那位名师见我无从应答之状，又说："你的课题得了特等奖，直接被报送到省上评一、二等奖去了。"这时，我才反应过来。之前看到过我2016年结题的市级规划课题《小学班主任推进家校互动策略的研究》得特等奖的公示通知，但我早就忘了，因为在我看来它很平常。

得不得奖，我没有太上心！但得特等奖，这是我万万没有想到的。回想报送评选成果资料的经历，真觉得这奖意想不到！

起初，我是在我区教研室群里看到兰州市教育局发的成果评选文件的。我下载并快速浏览文件后，认为我并没有适合申报成果的资料。于是，这件事便不再列入我的工作计划。

一日下午，学校按照学期计划安排组织了课题培训活动，活动邀请的培训专家是兰州市教科所的×老师，×老师在做课题培训的过程中提到了兰州市教科所下发了甘肃省教育科学研究院正在组织成果评奖的事，还特意向我们解读了此次评奖的文件精神——凡是做过的课题都可以申报评选成果，而且不收任何费用，是很难得的一次机会，但由于各地对文件精神的解读有别，很多老师都以为没有条件申报而放弃了评奖的机会。那一瞬间，我想到我的课题是否也可以报呢？培训结束后，我去找学校副校长，想请她问问区教研室负责老师我能不能补报成果资料。第二天早上得到答复，区上其他老师的资料已经上报结束了，如果我们要交，就要尽快完成。

　　于是，我加紧准备各项资料。在再次整理课题资料的过程中，我才发现不仅要整理结题文字资料，还要准备其他印证的资料，包括成果实验校的文字介绍、课题研究组成员的获奖证书并加盖公章、其他各项成果印证资料等。

　　在整理资料的过程中，有很多迷惑之处与不知所措，因为困难重重，几次都想半途而废。但学校领导表示，我们区的课题成果申报的报名汇总表已交到兰州市教育科学研究所，现在放弃，无法向区、市级教育局交代。无奈之下，我只能硬着头皮继续做。

　　接下来的两天，我白天、黑夜都坐在电脑前，删减结题报告中的文字，再次整理汇总成果资料，去打印社装订成果集，刻录资料光盘，总算在规定的时间内将资料交到了学校。

　　没过一段时间，惊喜悄然而至。我看到《兰州市基础教育教学成果奖公示报告》特等奖的序列里竟然有我的名字。我惊诧得不敢相信，鼠标点到前面看姓名，再把表格移到后面看工作单位，反复确认后，我相信了。后来，这一课题在甘肃省基础教育教学成果奖评选活动中被评为二等奖。

　　一项课题，荣获市级特等奖、省级二等奖，这一成绩的获得完全是一次意外，也是一种巧合，更是一种机遇。

　　事后想想，如果不是因为学校组织的那次课题培训，如果专家做课题培训时不讲成果评奖的事，如果我不跟学校领导询问成果评选的事，如果我把资料做到一半时就放弃了……任何一个如果存在，我都会无缘获奖，更没有机会获得特等奖。

　　感恩生命中遇到的每一个人。每一件事的发生都应认真地对待，每一个成功者的身后，总会有无数双有力的大手推动着你。你若前行，这些大手便只做辅助动作即可，在你前行的途中，还会遇到新的大手推动你；你若后退，即使身后大手再多，他们也有推不动的时候，也有累的时候，于是便有人放手。推动的手越少，力量就越小，手会越来越累，于是所有推动的手都放开了。

　　机遇对于每一个人来说至关重要。机遇有时能改变一个人的命运，有时能决定一个人的人生走向。"机不可失，失不再来"就是在提醒我们一定要好好把握机遇！

　　机遇无处不在，要把握好机遇，必须让自己做到：

　　有合理的期望值。过高的期望值，会让你错过好多本来应该属于自己的机遇。

有冷静的思维。头脑发热，胡思乱想，你将会看不到机遇。

有认真的态度。既要看到机遇，又不能盲目行事错失机遇。一旦看准机遇，立即付诸行动，即使有面临失败的可能也要努力一搏。

有自己的主见。在任何时候，别人的意见只能做参考，最熟悉你的人还是你自己。

机遇更是一种挑战。在前行的路上，把握机遇，挑战自我，每时每刻都全心全意地默默"开放"，用努力开放的姿态证明自己的存在！

坚持就有成功的可能

大家看到的这本书中的内容，大多数文字是我2010年调入现在任教的安宁区万里小学后写的。我所写的内容都是我工作、生活中某些场景的真实再现，虽然都是碎片化的，但我觉得也是有意义的。

我能每天坚持写点东西，一是缘于我受到了《朱永新成功保险公司开业启事》的启发；二是我得到了儿子的鼓舞与督促。为了提醒我每天写点东西，他帮我开通了微信公众号。他每天都会问问我："妈，今天你发了吗？"如果我说发了，他便不再言语；如果我说还没发，他会说："你写好了，我帮你发！"

有一天，我说："今天不想发了！"他表现出的神情是失望，是对我不能坚持写下去的失望。

记得那段时间，我在苏州参加培训。一天的培训结束了，晚上我打开电脑想要写点什么时，想起了我的儿子。我是个电脑盲，使用电脑时常用的就是Word文档。每次我坐在电脑前敲击文字遇到一些问题时，总会问儿子这个怎么弄、那个怎么弄。上初中的儿子总会放下手中的作业，走进我的房间不厌其烦、乐此不疲地帮我解决问题。之后，总要在我房里逗留一会儿，和我简单地聊几句，还会关注我在做什么。

有一次，他看到我在写东西时说："妈妈，你出本书吧！"当时我很吃惊，他怎么会想到这个话题。同时也感到心虚，因为我没有这个能力。但又不好意思在儿子面前说我不会写、我写不出来，只能略略一笑说："哪有这么容易？""妈，你坚持，就写出来了。"儿子的话语激励着我开始断断续续用笔记录我的工作、我的生活、我的思考。只是此后，由于种种原因很少在公众号中发我写的碎片化文字了。

现在想想，儿子会有这样的想法是缘于对我充满了期待，他希望我是一个不断追求、不断超越的妈妈，还希望我是一位充满爱心、与时俱进的老师。

谢谢你，儿子！妈妈没有你想象的那么优秀，但妈妈会继续努力前行的！